Trust Business : Analysis And Application

信託業務與應用

楊崇森 著

三民書局

國家圖書館出版品預行編目資料

信託業務與應用 / 楊崇森著.－－初版一刷.－－臺北
市: 三民, 2010
　　面; 公分

ISBN 978–957–14–5405–4　(平裝)
　1.信託

563.3　　　　　　　　　　　　　　　99019133

© 　信託業務與應用

著 作 人	楊崇森
責任編輯	沈家君
美術設計	陳宛琳
發 行 人	劉振強
著作財產權人	三民書局股份有限公司
發 行 所	三民書局股份有限公司
	地址　臺北市復興北路386號
	電話　(02)25006600
	郵撥帳號　0009998–5
門 市 部	(復北店)臺北市復興北路386號
	(重南店)臺北市重慶南路一段61號
出版日期	初版一刷　2010年10月
編　　號	S 585990

行政院新聞局登記證局版臺業字第○二○○號

有著作權‧不准侵害

ISBN　978–957–14–5405–4　　（平裝）

http://www.sanmin.com.tw　三民網路書店

自　序

　　信託 (trust) 乃英美為他人利益管理財產之制度，具有莫大之彈性，可用於實現法律上所難於達成之許多目的，不但可用於家產之管理、遺產之處分，尤可用於許多日新月異之商事交易；其彈性之強，應用之廣，效果之大，令大陸法系之法律家為之驚嘆。大陸法系國家雖有若干法律制度在某程度踐履與信託類似之社會作用，但其方法不免迂迴曲折，而其功能亦屬隱而不彰，不如信託之靈活機動，應付裕如。無怪乎英美信託制度受到許多大陸國家之注意，紛紛以立法予以繼受，而英美日本各國信託業務更五花八門，種類繁多，應用於公私各種領域，對於國計民生都有莫大的助益與貢獻。學者有謂今日已進入信託時代，並非過言。

　　我國信託法與信託業法雖遲至民國八十五年與八十九年施行，但信託事業在國內已有數十年歷史，惟信託商品種類與外國相較仍嫌不足，法令限制過多。為加速信託業務之推動，以利國計民生，作者特窮數年之力，將三、四十年來從事教學、研究與信託之法之評論與心得撰成本書，其目的除分析我國信託業務外，並介紹美國、日本目前流行之各種信託之實際運作情形，作為我國推動或擴大信託業務之借鏡。

　　本書為作者另一信託新書《信託法原理與實務》之姐妹作。《信託法原理與實務》著重於闡釋信託法上各種原理、相關法律原則之源流及其運用，而本書則著重於剖析各種信託實際業務之運作，二書有一體兩面與相互補充之關係。讀者最好兩書一併閱讀，相信對於理解信託制度之精彩與巧妙，今後信託法與信託事業發展之趨勢，有更透澈之了解。

　　本書除對信託業務有關問題詳加析述外，對較複雜深入之問題，則另以「深度研究」欄作較深入之介紹，俾讀者可進一步研讀，而一般讀者亦不妨按程度選讀。又本書對複雜之問題，儘量做成圖解，俾利讀者了解。希望此書出版後，能喚起有關當局與金融、保險、會計、地政、稅務、投資、法律等相關業者，甚至一般讀者之重視；不但對相關法制檢討改進，

且在業務上多多設計信託商品，加以推廣利用。在一般大眾方面，舉凡家產之安排、老後與親屬生活之照顧、土地之利用、智慧財產之管理、社會安全之推動、公司資金之籌措與業務之發展、公共建設之推動、社會安全之增進、環境與文化資產之保護等方面，如能多多利用信託，相信可使大眾生活更安定，社會經濟更發展，社會福利更健全，進而對康樂社會之建立大有助益。惟信託制度及其運用異常複雜，況本書探討數國信託實務，極多技術或手續層面問題，所涉至廣，且資訊蒐集不易，疏漏舛誤之處在所難免，尚望讀者多多指正。

　　本書之完成，承家姐楊詠熙律師、吾友丘宏達教授、施敏雄教授、武永生院長、李念祖大律師、王志興先生、符兆祥先生、高足汪渡村教授、李智仁博士、周秀美會計師、李佩昌、高鳳英、陳逢源、蔡育霖等律師之鼓勵與協助，內子潘毓瑩、黃婉柔小姐等協助繕打，誌此聊表謝忱。

楊崇森　識於臺北

中華民國九十九年九月

信託業務與應用

目　次

第一章　宣言信託

　　在我國信託之受託人須係委託人以外之他人，惟英美法則另有所謂宣言信託 (trust by declaration, declaration of trust) 制度，准許信託之設立人（委託人）自己宣稱成立信託，自為該信託之受託人。

　　詳言之，在宣言信託，財產之所有人並不將其財產移轉於他人（受託人），而宣言自某時期以後，為某他人之利益，由自己為受託人，而以委託人之單獨行為所設立之生前信託。財產之所有人仍占有該財產，惟改為為受益人之意思而占有而已。例如甲宣稱以一定財產為信託財產，為乙之利益成立信託，而以自己為受託人。在此場合，甲對信託財產保有其法律上所有權，但乙成為該財產衡平法上之所有人，宣言信託為成立生前信託之一種方法。宣言信託與契約信託有別，而在信託設立人生前發生信託之效力之點，與遺囑信託不同。宣言信託在英美、印度等地，受到廣泛之承認。

　　宣言信託之特色為委託人亦為受託人，即除委託人外，別無其他受託人存在，且信託設立後，委託人仍保有信託財產，並不將財產移轉於他人（受託人）。宣言信託只有在他益信託，即以委託人以外之他人為受益人之場合，始能成立。因在自益信託，即委託人兼受益人之場合，委託人若為自己之利益，管理處分自己之財產，與普通財產所有權無異，不待信託宣言，即可達其目的。

　　常見的宣言信託乃所謂「儲蓄帳戶信託」(saving account trust) （有時稱為「暫時信託」，tentative trust 或 totten trust）。通常是由存款人將帳戶置於自己名下，註明為特定受益人之「受託人」，在存款人生存期中，不時將款項提出及存入。在其死亡時，由銀行將餘額交付予受益人，或其指定之繼任受託人 (successor trustee)❶。

　　在某些場合，由於某種原因，受益人不宜知悉何人為信託之設立人時，宣言信託及其他方法併用，可發揮甚大效用。例如甲與乙協議由甲將財產

---

❶　Marks, The Revocable Declarations of Trust, 115 Trust & Estates 1144 (1966).

移轉與乙，由乙為丙之利益成立信託，並自任受託人，此際在紀錄上乙並非受託人，而是完全之所有人，然後由乙宣告乙為丙之利益擔任受託人，使丙不知甲乃信託之實際設立人。又如甲女一生獻身教育，行將退休而毫無積蓄。她的一些學生饒有資力，深知由彼等直接捐贈，甲女必不願接受，於是央求適當之乙為委託人，將可供甲女歡渡餘年之資產移轉於乙，然後由乙宣告為受託人，定期給付生活費與甲女。甲女由於始終不知何人行善，且因不用捐助方式，無損其自尊心，故樂於接受。此種方法可使施與受雙方均不致尷尬，而達到真正設立人財產處分之目的❷。

由於上例，可知有時委託人未必即係希望設立信託之人，有時希望設立信託之人乃委託人以外之第三人。換言之，希望設立宣言信託之人先將財產移轉予委託人，然後由委託人以自己為受託人，依其單獨行為，宣告信託之設立。在此場合，宣言信託之設立人與受託人雖係同一人，而與實際希望設立宣言信託之人，乃不同之人。

從實用上觀點，宣言信託於下列場合有其實益：㈠如不承認宣言信託，則財產之所有人如欲以自己財產而自為他人之受託人時，須先將財產移轉於第三人成立信託，然後自該第三人再行移轉於自己，以該第三人為委託人，自己為受託人，而宣言信託則可免除此種冗繁手續❸。㈡父母不欲與第三人訂立以該第三人為受託人之契約，而將某時期以後財產之一部，為子女之利益，自己作為受託人加以管理。㈢欲設立宣言信託之人，不僅生前行為，亦可以遺囑表達此種意願，而於死後實現。例如某人成立遺囑信託，規定遺囑執行人執行該遺囑之際，如發覺遺囑信託財產超過遺囑人指定財產之數額時，遺囑執行人或遺囑信託之受託人應就多餘部分，以自己為委託人兼受託人，另外設立宣言信託，此在英美不乏其例。㈣宣言信託除了委託人乃受託人外，在大多數情形與傳統之得撤銷信託類似。其特色為委託人除須繼續管理信託財產外，享有得撤銷信託之大部分利益。即對信託財產有較多控制，避免透露目前財務狀況，又可避免受託人費用之支

❷ Stephenson & Wiggins, Estates and Trusts, p. 98.

❸ Scott, Abridgment of the Law of Trusts, p. 62 (1960).

出（雖然通常得撤銷之信託，如受託人為委託人之親友時，可能無須支出）。
㈤也許最重要之優點係在心理方面，因委託人不必移轉財產予他人，感覺
上比他人保有之情形，能快速因應自己之需要❹。

　　日本舊信託法不承認宣言信託。因認為宣言信託，費用、手續等方面
雖屬有利，但因委託人與受託人既屬於同一人，以自己財產作為信託財產，
有損害債權人之虞，且法律關係不明確，義務之履行亦難免不完全。在初
創信託制度，短期不易發達，立法政策上以不採用為妥❺，故加以保留❻。

　　按委託人以生前之單獨行為成為受託人，並不違反信託行為之本質，
且在他益信託，弊害亦少，如對信託違反加以嚴格監督，可達到社會經濟
的效用❼。但在另一方面，認許委託人與受託人資格之兼併時，因受益人
仍屬不同人格，實際上易被用於不法之目的，同時有不易貫徹信託型財產
所有與管理分離之缺點❽。故我國制定信託法時，雖未採用宣言信託，但
在社區信託或社區基金會仍例外採用，並對其要件附上不少限制（參照信
託法第 71 條）。此次日本新信託法（2006 年）改變以往立場，准許以信託
宣言成立信託，惟須將此行為作成公證證書或其他書面或電磁紀錄，記載
或記錄該信託之目的，特定信託財產所必要之事項（第 3 條第 3 款）。且效
力發生之時期因作成文件而有不同。在以公證證書或公證人認證之書面或
電磁紀錄作成之情形，於該文件作成時發生效力；在以其他書面或電磁紀
錄作成之情形，則以附有確定日期之證書將該信託之作成及其內容通知被
指定之受益人時發生效力。

---

❹　在英美、印度等國家，宣言信託客體之財產種類並無特別限制，不問動產、不動
　　產或其他財產權，均在許可之列。宣言信託之成立在美國通常須作成書面，列出
　　信託條款，由委託人簽署。通常把可登記之任何財產如土地、地契 (land deeds)、
　　證券、共同基金股份 (mutual fund shares)、汽車所有權等，登記在委託人即受託
　　人之名下，且在文件上註明受託人之身分 (fiduciary capacity)。

❺　四宮和夫，《信託法》（新版），p. 84 以下。

❻　細矢祐治，《信託法理と信託法制》，p. 681。

❼　松本烝，《信託法》，p. 14。

❽　松本烝，《信託法》，p. 14；楊崇森，《信託與投資》，p. 84。

第二章　公益信託

第一節　沿　革

信託除了私益信託外，尚有公益信託。所謂公益信託，乃由信託之設立以追求社會全體或不特定多數人之利益為目的之信託。我信託法之末設有公益信託規定（第 68 條以下）。公益信託係源於英國之公益信託（即所謂慈善信託 charitable trust），自中世紀以來，已開始利用，當時係以對基督教會捐助之宗教性信託為主軸，旋由於 1601 年「公益用益條例」(Statute of Charitable Uses) 之制定，正式加以承認❶。其後公益信託改以救濟貧困為主流，而且擴大至頒發獎學金，贊助研究，保護自然環境等層面。今日其數目龐大，約達十二萬件之多，成為有力支持社會福利之支柱。在法制上更有慈善事業法 (Charities Act, 1960) 此種特別法，在行政上設有稱為慈善事業委員會 (Charity Commission) 之中央機關。

在美國公益信託往往與法人制度混合，一般多利用稱為 foundation 之基金會組織之型態。其中約三分之一採信託方式，尤其有為數不少稱為社區信託 (community trust)，此乃為實現地方社區公共目的之獨特公益信託。美國公益信託與英國不同，不是以救濟貧困為主流，而多著重於對學校、醫院、圖書館、美術館等公共事業與設施，作出貢獻❷。

---

❶ 由於教會力量式微與封建制度崩潰及資本主義抬頭，英國公益信託在十六世紀已經出現。英國在 1601 年制定了「公益用益條例」(Statute of Charitable Uses) 作為救貧法 (Poor Law Code) 之一部，提供監督公益信託之行政機制。該法序言之內容即使時至今日，在認定信託是否公益時，仍常被人引用。參照 Hayton, op. cit., p. 112。

❷ 在 1989 年美國約有 32,000 個捐助 (Grantmaking) 基金會，其中 28,669 個是獨立基金會，1,587 個是公司基金會，282 個是社區基金會，1,452 個是運作 (operating) 基金會。在 1989 年，32,000 個基金會擁有資產約 138 billion，其中 7.9 billion 作捐助，同年受到捐贈人贈與 5.5 billion。獨立基金會（私人、家庭與非家庭基金

在英美一般而論，不問信託或法人慈善事業在稅捐上皆享有優惠。例如在英國免所得稅(股利所得以外)、資本利得稅(capital gain tax)、法人稅、遺產稅(inheritance tax)與印花稅(stamp duty)。又交易所得(trading income，與投資所得不同)為附條件免稅，移轉予慈善機關而可免遺產稅❸。在我國稅法關於公益信託之優惠規定，不如英美完備，但亦有優惠❹。

第二節　公益信託之要件

公益信託必須以促進公益為目的，關於公益目的範圍之廣狹，各國立法例不一，出入甚大，分述如次：

(一)英　國

英國之「公益用益條例」(Statute of Charitable Uses, 1601) 前言列舉所謂公益，係包含：救濟老人廢疾者、貧民、扶養傷病之人、維持學校設施、修理橋梁、港灣、道路、教會、堤防、孤兒之入學、就職、感化院之維持援助、貧民女子結婚機會之促進、勞工之救濟、犯人俘虜之救濟與解放、貧民之租稅負擔、出征費之援助等。

(二)美　國

美國與英國不同，其公益信託之主要目的包含學校與醫院等公共或社

會)擁有大多數資產 (85.7%) 且作出大多數捐助 (75.6%)(參照 Boris, Philanthropic Foundations in the United States: An Introduction, pp. 8–9（Council on Foundations 出版，1992))。

❸　Hayton, The Law of Trusts (4 ed.), pp. 110–112.

❹　詳見本書第二十四章〈信託與賦稅〉。例如台塑集團董事長王永慶以委託人身分，將現金與股票等市價近六億元財產交中央信託局，成立「公益信託王長庚社會福利基金」，對不特定的原住民及弱勢族群或團體提供補助，為國內企業最大筆公益信託基金。王氏此舉除對社會福利有益外，還享有 20% 信託範圍內的租稅減免之優惠，且捐贈之財產不列入遺產，可達到節稅的目的。又前英業達集團副董事長溫世仁熱心從事公益，但因突然過世，所遺留龐大遺產需繳交遺產稅逾四十億元，如他在生前成立公益信託，則不但可免繳龐大遺產稅，更可達到實現公益之宿願。

會設施之設立與維持，且政治目的之信託亦認為有公益性。例如 Restatement of the Law of Trusts, sec. 368 包羅甚廣，即「公益」目的包括：

　　1.救濟貧窮 (the relief of poverty)；

　　2.促進教育 (the advancement of education)；

　　3.促進宗教 (the advancement of religion)；

　　4.提升健康 (the promotion of health)；

　　5.政府或市政目的 (government or municipal purpose)；及

　　6.其完成有益於社區之其他目的 (other purposes the accomplishment of which is beneficial to the community)❺❻。

(三)日　本

　　日本舊信託法規定「以祭祀、宗教、慈善、學術、技藝、其他公益為目的之信託為公益信託，其監督適用後六條之規定」（第 66 條）。

(四)我　國

　　我信託法則定為「稱公益信託者，謂以慈善、文化、學術、技藝、宗教、祭祀或其他以公共利益為目的之信託」（第 69 條），除較日本增加文化

---

❺　楊崇森，〈慈善信託之研究〉(《中興法學》第 26 期，民國 77 年 4 月)；四宮和夫，《信託法》(新版)，p. 41。

❻　英國稱為 The Cabinet Office Strategy Unit 之政府單位近來建議將公益定義擴張，而認為公益之分類應指下列目的之一或多種：

　(1)貧窮之防止與救濟

　(2)促進教育

　(3)促進宗教

　(4)促進衛生

　(5)社會與社區之促進

　(6)文化、藝術與遺產之促進

　(7)業餘運動之促進

　(8)人權之提升、解決衝突與調解

　(9)環境保護之促進與改良

　(10)其他對社區有利之目的（參照 Hayton, The Law of Trusts (4 ed.), p. 118 以下）

　本書以為以上各點之中，第 8 點最富新意。

一項外，並調整其排列順序之先後。由於公益之範圍甚為廣泛，法條僅例示若干較重要較常見之公益目的，其他苟有助於不特定多數人之公共福祉，亦無排斥不認為公益之理，茲就法條所列各項目分析如次：

1.慈　善

所謂慈善一般係對窮困之人加以援助，對貧民提供生活、醫療、學費等固最為常見，但對行動不便之老人與殘障人等，獨力生活困難之人加以看護，對孤兒與棄兒加以收養、保護、教育等，廣泛參與社會福利之目的皆屬之。

2.文　化

文化一項為我信託法所增列，涵義異常廣泛。廣義係指人類社會歷史實踐過程中所創造物質財富與精神財富之總和。

3.學　術

所謂學術係廣泛指學問與藝術之意，探求真理之學問屬於理性，藝術則屬於感性的、宏觀的，均係涉及人類文化之層面。故振興學問、藝術，一般有公益性，對學校或其他教育設施之協助，對學者、學生提供研究費與獎學金及表彰優秀學術藝術等。

4.技　藝

所謂技藝雖指工藝的技術，但因上述學術已包含藝術，故不無重複，於是技藝似可解為側重技術方面，尤其包含科學技術與工業技術方面。

5.宗　教

宗教係指可慰藉人類心靈，有助於精神安定之一切宗教，範圍甚為廣泛，無論佛教、道教、基督教、回教，甚至新興宗教亦包含在內。但為了符合公益性，至少不可違背社會之秩序與倫理觀，從而違背現行社會秩序，不合乎倫理觀之教義及活動之宗教，即使對當事人個人乃堅決遵守之信仰，及信教自由為憲法所保障，似仍難認為有公益性。

6.祭　祀

祭祀雖含有宗教的要素，但因宗教目的已另立一項，故此處祭祀似僅指與宗教無關之民俗性之祭祀❼。惟為了符合有公益性之祭祀，須係公眾

參加之活動。

7.其 他

舉凡擴充整頓公園、兒童樂園等公共設施，維護山林海岸等自然生態之類亦屬公益，應無異論❽。又其他有助於促進人類福祉之任何活動，諸如促進休閒與提倡運動競技等，在有助於人類生活之舒適，增進健康之觀點，可認為有公益性。但運動亦含個人要素，其振興是否逕可謂為公益，未必明快。例如職業棒球、籃球等亦有由公司作為營利企業辦理者，因此業餘與專業如何區分，不無問題，結果似只有自公益性觀點個案判斷❾。

其實為了配合現今時代之進展與社會生活之實態，公益之概念似應超越傳統，加以擴大❿，舉凡教育、衛生、自然環境、史蹟維護，綠化之推進，社區公共設施之增進，社會福利事業之贊助，司法之改良，人權之促進，自然災害與疾病之預防，犯罪之預防與矯治，國際交流（含技術合作）與世界和平之促進等，凡有助於人類福祉之項目，亦應涵蓋在內。

第三節　公益信託之特色與營運

一、公益信託與財團法人之比較

㈠公益信託與財團法人之社會作用相似，但財團法人係以為公益目的捐出之財產為基礎所創設之法人，為獨立之法律主體與財產之所有人；設有董事等機關，按一定公益目的營運；反之公益信託並非法人，以相當於董事之人為受託人，將財產移轉於受託人，由受託人成為信託財產之所有人，按一定目的管理財產。

㈡民法關於財團法人之目的並無明文規定（也許勿寧可謂非營利法人制度），而信託法則明揭公益信託應以所定各種公益為目的。故公益信託公

---

❼　田中實、山田昭，《信託法》，p. 114。

❽　田中、山田，前揭，p. 115。

❾　田中、山田，前揭，p. 115。

❿　同說，四宮和夫，《信託法》（新版），p. 42。

益目的之幅度較狹。惟財團法人之營運有時脫離公益，走上營利營運之道，而公益信託則無此種問題❶。

㈢財團法人須設事務所，且須辦理法人登記作為對抗要件；而公益信託則可用受託人之住所，或利用銀行之行政能力；如有不動產等財產，則辦理信託登記。由於不需法人登記與事務所，且主管機關許可之申請由受託人行之，故對捐助人言，設立公益信託較財團法人簡便易行。

㈣信託因無必要設置獨自之設備與專任職員，比起財團法人費用節省，且可為有效率之營運❷。

㈤財團法人須有某程度之資力與規模，且一般有永續性（事業之主體），故原則上其基本財產宜長期保持，不能消失；而公益信託雖亦有規模大與長期繼續之情形，然一般以小規模與短期型態出現，且不排斥將原本花用或在一定期間內分配消費，他方亦可由捐助追加原本，故可按期間之長短與財產規模之大小，為彈性之安排。惟如為了完成設立之目的將財產用盡，則信託亦歸終了。

㈥公益信託在資金形成方面，除捐出巨額財產外，亦可採取集合多數小額資金營運之方式，事務經費不需太多，經營上之彈性大❸。

㈦關於設立方法，財團法人除以遺產捐助外，應訂立捐助章程（民法

---

❶　田中、山田，前揭，p. 122 以下。

❷　在美國，公益信託之委託人通常固然將財產移轉予一個或數個受託人，賦予他們全權為公益投資、收取收益並分配之任務。但委託人亦可能在共同受託人之間劃分職權範圍。又受託人雖保有並收取收益，但委託人亦可能另設經理人 (managers) 或分配委員會 (committee of distribution)，自受託人取得收益，用在公益之目的。參照 Bogert, Trusts & Trustees (2 ed.), §391, p. 200。

❸　民法及行政院各部會所訂頒之「審查財團法人設立許可及監督要點」，對成立財團法人之條件與手續之規定頗為嚴格，包括需設立董事會，具備一定數量之財產，又需向法院辦理法人登記等。以教育部為例，董事須七至二十一人，且需三分之一以上具有從事目的事業工作經驗，財產需有三千萬元以上、又需專任職員及設備，不能處分基本財產，只能動用孳息，參照「教育部審查教育事務財團法人設立許可及監督要點」。

第 66 條），而公益信託除社區信託以宣言設立外（信託法第 71 條），須由委託人以遺囑或與受託人之契約為之（信託法第 2 條）。

深度研究　日本公益信託之實用化

在日本過去因公益法人制度起步早，可以設立公益法人及對公共團體捐助之方法達成公益活動。而信託只有商事（營業）信託，學者主張信託公司為營利事業，不適於擔任公益信託之受託人。加上立法與行政當局對公益信託甚不熱心，因此社會公益活動只利用財團法人，公益信託遲遲未見出現。直到昭和 48 年（1923 年）左右，國會與新聞指摘公益法人制度被濫用、逃漏稅、經營紊亂、休眠法人增加等。為了因應此等問題，法務省對公益法人制度再加檢討，且嘗試公益信託制度之實用化。昭和 52 年（1977 年），日本最早二件公益信託獲得政府許可，如是公益信託在信託法制定後經五十餘年，好不容易才實用化[14]。

二、公益信託之特色

公益信託是最典型之他益信託，信託財產由委託人一旦捐出後，原則上不復歸於委託人（至少信託期間中，不准委託人支配信託財產）。具體之特色表現如下：

(一)**可永久存續（英美法上公益信託不適用禁止永久歸屬之原則）**

(二)**適用「儘量近似原則」(cy-pres doctrine)（詳如後述）**

即公益信託設立後，如發生當時不可預見之情事，致委託人之目的難以達成時，不使信託終了，而儘量轉照與委託人之意思相似之目的，使其繼續（參照信託法第 73 條）。

(三)**欠缺受益人**

公益信託在使不特定多數人受益，故其受利益之人雖稱為受益人，但並非享受權利，只是基於公益信託之反射效果，享受利益而已。此點與私

---

[14]　松本崇，前揭，p. 296；田中、山田，前揭，p. 110 以下。

益信託受益人享有權利之受益權不同。從而如將受益權之歸屬主體稱為受益人，則此種意義上之受益人在公益信託並不存在。

㈣須設置信託監察人

公益信託由於以不特定之多數人為受益人，為保護此等人起見，信託法第 75 條規定「公益信託應置信託監察人」。信託監察人之人選既可在信託契約與遺囑內預先訂定，亦可由聲請法院選任。惟英美信託法上並無信託監察人之制度，而係日本與我國信託法所創設（日本稱為信託管理人）。

㈤監督比私益信託嚴格

在公益信託，為保護關係人與第三人之利益，故要求比私益信託更高更嚴格之規範。由於公益信託主管機關與法院相比，對有關行政較為熟悉，較能為適切之監督，故明定為由「目的事業主管機關」監督。所謂目的事業主管機關，係指監督公益信託目的事業之行政官署。例如以學術研究，發給獎學金為目的之信託，主管機關為教育部；以慈善醫院為目的之信託，主管機關為主管醫療事業之衛生署。公益事業若牽涉二個以上行政機關之主管事項時，各機關皆係目的事業主管機關。

㈥公益信託須經主管機關許可

公益信託因與公益攸關，且受益人為一般社會公眾，在法律上只有反射利益。為確保大眾利益，故其設立須由國家予以審核。日本舊信託法規定「公益信託之承受應受主管機關之許可」（第 68 條），原意不是承受本身採許可制，而是信託行為本身採用許可制，但因委託人往往人數甚多，聲請許可手續繁雜。為了方便，改以信託成立要件之承受採許可制，使在結果上變成信託行為需經主管機關許可才能成立。即對受託人課以接受承受許可之義務❶。

我信託法改為公益信託之設立及其受託人應經目的事業主管機關之許可，且許可之申請明定為由受託人，而非由委託人為之，目的在求手續之簡便。其立法原意似指信託行為及受託人之資格均須經主管機關許可，其要求較日本法嚴格，手續亦更為繁雜。因此公益信託之成立係以主管機關

❶ 松本崇，前揭，p. 300 以下。

之許可為要件，不似私益信託，只有信託行為亦可成立。

由於公益領域繁多，種類互異，許可條件及監督方法等應如何規定，始屬允當，目的事業主管機關知之最詳。故信託法授權由各目的事業主管機關訂立辦法，俾資遵循，而規定「信託之許可及監督辦法由目的事業主管機關定之。」（第85條）至今日為止有法務部、教育部、文建會、內政部等機關訂有「公益信託許可及監督辦法」。以法務部所訂之「法務公益信託許可及監督辦法」（85年12月4日發布）為例，舉凡「一、信託之設立是否確以公共利益為目的。二、信託授益行為之內容是否確能實現信託目的。三、信託財產是否確為委託人有權處分之財產權。四、受託人是否確有管理或處分信託財產之能力❶❻。五、信託監察人是否確有監督信託事務執行之能力。六、信託事務計劃書及收支預算書，是否確屬妥適等。」均須經過審查。鑑於我國信託觀念朝野均有待加強，如在信託法施行細則，訂定若干共通準則，細節再由中央各部會訂定，當更符合信託基本原理。惜信託法中未授權訂定施行細則，誠恐各部會各自為政，所訂許可及監督辦法標準寬嚴不一，未必盡符信託法獎掖信託之本旨。

㈦營利法人，尤其銀行或信託公司，可否擔任公益信託之受託人？

在日本有正反兩說，否定說以為營利法人之權利能力須限定加以解釋，不能經營公益事業，成為公益信託之受託人。肯定說則認為法人之權利能力近時已擴大解釋，信託法只規定公益信託之受託人應經主管機關許可，對受託人之資格並未限制。又公益信託之承受須經主管機關許可，受到主管機關監督，故營利法人雖成為受託人，公益信託不致發生營利本位之弊害。且由有永續性獲利與理財能力良好之信託公司作為受託人，有利之處也不少。故不妨承認信託公司具有公益信託受託人之能力❶❼。在我國信託業可擔任公益信託之受託人，且在稅法上亦較有利，詳如本書第二十四章〈信託與賦稅〉之說明。

---

❶❻ 在申請主管機關許可之時點，公益信託尚未成立，故尚未取得受託人之資格，因此此處所謂受託人，係指可成為受託人之個人。

❶❼ 松本崇，前揭，p. 300。

三、公益信託之成立

㈠公益信託應與對公益法人（財團法人）為絕對的捐贈加以區別

慈善家欲作慈善事業，不必用信託型態，亦可成立財團法人，或對現存財團法人作捐贈，此時並無信託之成立。

㈡收費並不當然變為非公益信託

但一個在其他方面屬於公益性質之信託，並不因為要求利用人付費（如博物館規定觀眾須付入場費），即變成非公益信託，如此種收入係用於協助該機構運作，而非在對股東或類似之人作為利潤來支付時，仍屬公益信託。

㈢成立之動機不重要

委託人成立公益信託之動機如何，並不重要，只要信託有公益效果，且其目的不為委託人、受託人或他人牟利即可。例如捐資開辦醫院，主要目的可能在榮耀自己或家屬或滿足個人虛榮心，只要捐贈結果減輕病人苦痛，即係公益信託。因此即使贈與人描述其捐贈係出於「紀念」自己或他人之動機亦屬無妨。又事業之資金可由數個不同信託加以供應，例如由一信託興建藝術館，一信託負責內部裝修與展品，第三個負責維護❸。

㈣公益信託不必自己營運

在美國公益信託之委託人可授權受託人另行組成一個法人來營運慈善事業，亦可將財產交付予一個有適當目的之現存法人或協會❹。

㈤贈與之時間與數量有無限制

美國有少數州沿用早期英國限制死手之法律（Mortain Statutes，又稱為沒收法，按即禁止將土地捐贈予教會，否則沒收），對於以遺囑贈與之時間或數量設有限制，即遺囑人在死亡前一定期間（如九十天）內對慈善機構所作，且抑或超過遺產一定比例（如三分之一）之贈與為無效。目的在確保委託人於捐贈時心智健全，不致對近親造成不公，以保護遺囑人（更準確言，其繼承人，如配偶、子女），以免在遺囑人脆弱時，受到教會與慈善

---

❸　Bogert, Trusts & Trustees, §391, p. 202.

❹　In re Everson's Will, 1944, 52 N.Y.S. 2d 395, 64 N.E. 2d 653, 295 N.Y. 622.

機構之不正影響，同時防止過多財產進入此等機構 (dead hand) 之手中 **❷** ，但我國法則無此類限制。

四、公益信託之若干分類

㈠公益剩餘財產信託與公益領先信託

在美國單一信託可先後以私人與公益團體作為受益人，即將一個信託在時間上加以分割，使信託目的橫跨有私益與公益兩種層面。此種信託按信託原本究竟歸屬公益團體與私人之先後為標準，可分為公益剩餘財產信託 (charitable remainder trust) 與公益領先信託 (charitable lead trust)。所謂公益剩餘財產信託乃委託人保留信託財產之收益，而指定由慈善團體於委託人死亡後受領該信託財產之原本，或訂定於委託人死亡後，將收益支付委託人之妻或子女，而於妻或子女死亡後，由慈善機構受領該信託財產（原本）之信託。此種信託兼顧公益與私益，由於設立單一信託而達到雙重目的，避免成立兩個不同信託。在我國理論上委託人亦可成立此種信託，但實務上恐不為稅捐機關或主管機關所認可。

反之，在公益領先信託，委託人先將信託財產之收益交付慈善機構，原本在委託人死亡後歸屬委託人所指定之人（例如家屬）。據云此種信託在美國實際上很少用到，因其在美國所得稅法上有缺點，即委託人要對慈善機構受領之收益支付所得稅，但對此信託財產所獲之收益享有扣抵之利益。其結果這類信託主要由非常富有之人所設立，且利用度不高，因為在委託人資產非常多，最後想要將財產留供委託人自己家族之用，而非贈與慈善機構之情形才有意義。換言之，公益心重之高收入人，其日常生活另有其他收入，欲做善舉，但又不願放棄財產由其子女繼承時加以利用 **❷** 。

---

❷　Bogert, op. cit., p. 249; Reutlinger, Wills, Trusts, and Estates, p. 212.

❷　Clifford & Jordan, op. cit., pp. 20–12, 13.

深度研究 收益匯集信託 (Pooled Income Trusts)

在上述公益剩餘財產信託 (Charitable Remainder Trust) 中，近來美國還流行所謂「收益匯集信託」(pooled income trusts)，其可使沒什麼資力的人利用慈善所得稅扣除，將金錢捐贈慈善機構，使它們在一定期間內收領收益。不過此種信託不是由捐贈人設立，而是由慈善機構自己設立。而且受託人是慈善機構（捐助人不能另選別人為受託人），捐贈人只單純捐錢予慈善機構，由慈善機構將捐贈人的金錢與其他金錢匯集一起，成為巨大的信託基金管理利用。在美國許多大學與博物館設立此類信託，供忠實的支持人捐贈。

這種信託的運作很像共同基金 (mutual fund)。與別種信託不同，捐贈人捐贈金錢、股票或債券予慈善機構（但不能捐贈有形財產，如不動產或鑽戒），可享有所得稅扣除之利益。慈善機構將許多人的捐贈匯集成為基金投資，收益支付予捐贈人。捐贈人可隨時提供其他捐贈，而獲得進一步所得稅扣除。亦可指定將收益加以累積，直至捐贈人達一定年齡，諸如六十五歲或七十歲，再付予捐贈人，並於捐贈人死亡後，將原本歸屬於慈善機構。如投資準確，屆時慈善機構可得之數額可能有很大成長。

這種信託具有吸引力，因由慈善機構設立信託與營運資產，而且捐贈人在第一次捐贈後，以後仍可輕易追加捐贈予信託。因此如捐贈人沒有資金一次捐贈完畢，不妨逐年或長期捐贈較小筆數額，再累積成為可觀的退休收益。換言之，既捐贈可觀數字作善舉，又可為自己產生一筆退休基金，一舉兩得（參照 Clifford & Jordan, Plan Your Estate, pp. 20–10, 11）。

㈡主信託與分支信託

主要信託 (main trust) 與分支信託 (sub trust) 此種分類在美國才有。即另一類慈善信託的管理方法（較不尋常）是透過設立所謂分支信託 (sub trust) 來達成，詳言之，委託人先成立信託，將財產歸屬於受託人，指示受託人將收益交付予一個公益法人或社團法人，再由後者以所有人或受益人

之身分將金錢加以分配，用於公益之目的。換言之，此時成立兩個信託❷。在主要信託，其受益人雖為法人或社團法人（可以是一固定或特定 (definite identified) 之法人），但終局之受益人則係社會大眾，可自該法人或社團受領補助❷。

⨉獎助型公益信託與事業執行型公益信託

此種分類係以受託人之給付內容為分類之標準。所謂獎助型（又稱給付型）公益信託 (granting foundation)，係以對受益人給付獎助為內容，反之，事業執行型公益信託 (operating foundation) 係直接經營公益事業之信託。二者區別之實益係在獎助型，受託人之職責僅將信託之收益分配予符合資格之人，而事業執行型之受託人則須負責公益事業之經營而須有一定之能力與經驗❷。

⨉維持原本財產之公益信託與動用原本財產之公益信託

此種分類係以信託財產之原本可否動用為分類之標準。維持原本之公益信託，係指僅能以信託原本之孳息或收益從事公益活動，而原本本身不得動用；反之動用原本之公益信託，係指可動用信託原本辦理公益活動。維持原本之公益信託適合信託財產規模較大，孳息與收益足以支應，或信託目的在於永續存在之情形，而動用原本之公益信託，則適合信託財產規模較小或委託人無意使信託永續存在之情形。

⨉一般目的之公益信託與特定目的之公益信託

此種分類係以美國基金會 (foundation) 之公益目的作為區分標準。所謂一般目的之公益信託，係指信託之公益目的並無特殊限制，而以促進一般公益目的 (general purposes) 為目的❷；反之特定目的之公益信託，其公益

---

❷　Guaranty Trust Co. of N.Y. v. New York Community Trust, 1946; Bogert, Trusts & Trustees, §362, §391.

❷　Bogert, Trusts & Trustees (2 ed.), §362.

❷　方國輝，〈公益信託與現代福利社會之發展〉（文大三民所博士論文）（81 年），p. 171 以下。

❷　所有較大且知名的基金會，如洛克斐勒基金會 (Rockefeller Foundation)、福特基金會 (Ford Foundation)、卡內基基金會 (Carnegie Corporation of New York) 等都屬

目的僅限於一項或少數特定項目，如單獨以提倡禁煙、癌症之預防及研究等為目的。惟須留意，在設立許可主義下，公益目的如廣泛抽象，則由於所涉目的事業主管機關較多，公益性不易認定，申請許可當較為困難。

五、公益信託之管理與監督

㈠公益信託之管理

公益信託之業務攸關公益，且與國家行政有關，故由目的事業主管機關積極介入信託（信託法第 72 條第 1 項），並授權訂定公益信託之許可及監督辦法（信託法第 84 條）。分述如次：

1.公益信託之設立及其受託人，應經目的事業主管機關之許可（信託法第 70 條）。

公益信託受託人之功能與公益法人董事之職務相似，但董事為法人之機關，而受託人則自為獨立之權利義務主體；性質與法律關係有不少差異。

2.社區信託於對公眾宣言前，應經目的事業主管機關許可（信託法第 71 條第 2 項）。

3.目的事業主管機關得隨時檢查信託事務及財產狀況，必要時，並得命受託人提供擔保或為其他處置（信託法第 72 條第 2 項）。

4.受託人應每年至少一次，定期將信託事務處理情形及財務狀況，報請目的事業主管機關核備並公告之（信託法第 72 條第 3 項）❷❻。

5.遺囑成立之公益信託，受託人拒絕或不能接受信託時，目的事業主管機關得依利害關係人或檢察官之聲請或依職權選任受託人（信託法第 76 條、第 46 條）。

6.公益信託之受託人非有正當理由，並經目的事業主管機關許可，不

於此種信託類型，可謂為基金會運動的領袖與典型；其詳可參閱楊崇森，《信託與投資》，p. 181。

❷❻ 按在日本由於經費關係，公告通常利用公報，而美國公益信託將一年內實績與現狀，作成簡明之小冊子 (pamphlet)，分送各有關方面，其制度良好，值得參考。參照田中、山田，前揭，p. 118。

得辭任（信託法第 74 條）。即與一般受託人不同（信託法第 36 條第 1 項），其辭任受到較大限制，目的在使公益信託之管理趨於安定❷。

7.信託管理方法及其他條款變成不切實際，一般信託雖可以一定手續變更管理方法（信託法第 16 條），但在公益信託，目的事業主管機關不但可變更其管理方法，且可參酌該信託之本旨變更其信託條款（信託法第 73 條）。其餘可參閱上述信託條款修正部分之說明。

8.公益信託應置信託監察人（信託法第 75 條），此點與財團法人監察人非法定之必設機關（民法第 27 條第 4 項）不同。

(二)公益信託之監督

1.受託人違背職務或有其他重大事由時，得因受託人或受益人之聲請或依職權將其解任，選任新受託人，並為必要之處分（信託法第 76 條、第 36 條第 2 項、第 3 項、第 45 條第 2 項）。即業務監督之範圍不但包括檢查，且可為必要之處分。

2.公益信託受託人之任務因死亡，受破產或禁治產宣告，法人受託人經解散或撤銷設立登記而終了時，得依聲請或依職權選任新受託人，並為必要之處分（信託法第 76 條、第 45 條第 2 項，準用第 36 條第 3 項）。

3.又與民法上公益法人之制裁相同，公益信託違反設立許可條件、監督命令或為其他有害公益之行為者，得撤銷其許可，或為其他必要之處置，例如將受託人解任。其無正當理由連續三年不為活動者亦同。為前項處分前，應通知委託人、信託監察人及受託人表示意見（信託法第 77 條）。按日本舊信託法對公益信託無設立許可撤銷之制裁，又對怠慢職務之受託人亦無罰鍰之罰則❷。

4.公益信託關係消滅，而無信託財產歸屬權利人時，目的事業主管機關得為類似之目的，使信託關係存續，或使信託財產移轉於有類似目的之公益法人或公益信託（信託法第 79 條）。

因公益法人與公益信託相互間交流，制度上並非不合理。至民法財團

---

❷　同❷。

❷　田中、山田，前揭，p. 119。

法人解散後，剩餘財產歸屬之問題，在公益信託更由於上開條文規定結果，似甚少有發生之可能。

　　5.對受託人之違法或違規之行為之規定，較私益信託詳盡且更為嚴格。

　　如帳簿、財產目錄或收支計算表記載不實，拒絕、妨礙或規避目的事業主管機關檢查，申報不實或隱瞞事實、違反監督命令及怠於公告或為公告不實，處以罰鍰（第82條）。該條處罰之客體為受託人（包括自然人與法人），而非公益信託本身，目的在使公益信託之受託人依法忠實踐履職務，以維公益。

　　6.公益信託關係消滅時，受託人應向目的事業主管機關申報（第81條）。

六、公益信託之若干問題

㈠混合信託 (mixed trust) 如何處理？

　　有時委託人設立單一信託，對社區賦予利益，同時含有非公益之目的，諸如分配金錢與委託人之親友，此等信託在美國通常稱為「混合信託」(mixed trust)。此種信託會產生其有效與否，究竟取決於公益信託之規定，抑或私益信託之規定之問題。因二種規定不同，包括公益信託可永久存在，而自益信託則否。如委託人明示或默示表明原本用於各種目的之比例，則英美法會將信託當作兩個各別成立之信託而各部分分別判斷。如混合信託之原本資金無法分開，為使信託有效，須滿足公益與私益兩種信託之要件。如信託原本不可能分開時，則整個信託可能因不確定而歸於無效 **❷❾**。

㈡委託人可否行使監督權？

　　在英美普通法下，公益信託之委託人對所成立之信託機構有探視權 (power of visitation)，可視察現場，訂定規章，及對工作之現況取得資訊，但不能起訴請求該機構履行義務。在其死亡後此探視權利可由其繼承人行使，委託人亦可賦予他人行使 **❸❶**。

㈢受益人可否行使監督權？

---

❷❾　Bogert, Trusts (6 ed.), p. 241 et. seq.

❸❶　Bogert, Trusts (6 ed.), p. 557; Bogert, Trusts & Trustees (2 ed.), §416.

在公益信託監督權自受益人移轉至信託監察人（日本稱為信託管理人）。但在受託人不給付等情形，自益權受到侵害，而信託監察人不行使其監督權時，為使保護受益人之目的不致落空計，學者以為受益人之監督權此時作為固有權應又告復活，可由自己行使監督權。即應解為公益信託之受益人不僅享有債權的給付受領權，且亦享有信託法上各種權能。尤其在因某種原因未置信託監察人時，為保護受益人起見，更有採此種構成之必要❸。

七、推廣公益信託之建議

㈠引進英國慈善事業委員會 (Charity Commission) 制度

所謂 charity commission，乃英國專門監督民間公益活動之獨立超然政府機構，績效良好，在信託尤其公益信託之公益活動領域，允宜設置類似獨立機構，並廢止現行目的事業主管機關制度。因公益信託雖採許可主義，但與各部會所謂縱割行政慣例結合之結果，每易產生流弊。例如產生公益信託對象由數個部會共管，管轄範圍發生爭議等原因，致公益信託之許可與監督難以圓滿達成❸。此在日本即屬如此，我國為免蹈覆轍，似亦宜引進英國慈善事業委員會制度以專責成。

㈡引進「分割利益信託」(split interest trust)

在我國可否設立公益剩餘財產信託與公益領先信託？值得重視。按在美國公益剩餘財產信託頗為流行，在日本實例上雖付闕如，但至少理論上可以設立。反之公益領先信託在美國之例較少，在日本實務上不為主管官廳所許可。但學者以為此種型態以日本舊信託法第 73 條為根據，應准其設立，其理由為同條規定「公益信託終了時，無信託財產歸屬權利人時」，主管官署可為近似目的繼續該信託。自反面言之，可解釋為公益信託可預先訂定歸屬權利人之意。因此，將此歸屬權利人定為通常之私人，即於一定期間經過後，將其性質變更為私益信託，自該條文義觀之，可解為充分可

---

❸　新井，前揭，p. 253。

❸　新井，前揭，p. 256。

能 **❸**。

　　我信託法第 79 條亦規定：「公益信託關係消滅，而無信託行為所訂信託財產歸屬權利人時，目的事業主管機關得為類似之目的，使信託關係存續……」。按信託為尊重私法自治之制度，信託法決定歸屬權利人應根據委託人之意思，且此種情形不致被濫用作為詐害行為，即使先公益後私益，稅制上優遇額太大時，可視情況予以調整再歸屬信託財產。故解釋上應屬可能設立。

㈢引進事業執行型公益信託

　　公益信託按其自己是否直接積極從事公益活動，抑只消極補助他人為標準，可分為獎助型與事業執行型兩種。所謂事業執行型，係信託本身從事一定公益事業活動，例如營運美術館保存歷史建物之類。著名之事例可推英國之「國民信託」(National Trust)（但嚴格言之，National Trust 乃法人）。日本公益信託目前實務上只承認設立遴選受給付之人，並撥與給付金此種獎助型之公益信託，而排除事業執行型之公益信託。其理由可能認為辦理事業不在「信託財產管理處分」之列，但土地信託受託人可就受託土地舉辦事業，故與受託美術館之建物作為信託財產辦理有關事業，似無二致。且當初以金錢為信託財產，以之購進美術館之建物，再辦理蒐集展覽等有關業務亦屬可能。何以獨對事業型公益信託另為不同待遇，可見此種解釋似失之過狹。鑑於我國公益信託甫行萌芽，更應廣泛應用公益信託，一併准許事業執行型之公益信託，以擴大委託人從事公益活動之空間，增進公益 **❹**。

深度研究 英國慈善事業委員會 (Charity Commission) 及其影響

一、英國慈善事業委員會簡介

　　英國公益信託主管機關有檢察總長 (attorney-general) 代表英國國王為

---

❸　新井，前揭，p. 257。
❹　新井，前揭，p. 257。

公益目的，或為保護潛在之受益人，在任何訴訟程序出庭，且在任何有關公益團體之訴訟作為當事人。在任何有效公益團體之爭議，可對公益受託人提起相反之行動，且有權從第三人追回公益財產❸。

英國公益信託原由法院與檢察長監督，其後因發生不少弊端，於 1853年乃另成立慈善事業委員會，負責英格蘭與威爾斯公益事業之行政監督。鑑於近年公益信託之濫用，1993 年修正之慈善事業法 (Charities Act, 1993)賦予該委員會更大權力與對不肖受託人之處罰❸。

慈善事業委員會之功能是改善慈善事業行政管理，確保與促進慈善資源之正當與有效利用，提供慈善事業之受託人諮詢意見，以及調查與防制慈善事業之流弊等。該委員會由五名委員組成，其中至少兩名須係法律人，此外大約有六百名職員從事監督與調查工作，有權調查與解任受託人，將信託資產移交其他類似慈善機構。該會設有慈善機關登記簿，收取年度報告與財報，供公眾檢閱，提供計畫，使慈善機構目的現代化與改進管理機制。委員們於取得檢察總長 (Attorney General) 同意後，亦可為慈善機構提起法律訴訟或在此等訴訟中和解。

委員會乃獨立非事務性之政府機構，對內政部長 (Home Secretary) 直接負責。公帳委員會 (Public Accounts Committee) 與國家審計局 (National Audit Office) 亦對該委員會有某種監督作用。內政部長負責委派此委員會之委員，將委員會年報送國會，監督與審核委員會之績效與財政收支。不過部長對委員法定職務之行使不能加以指示。對於委員會在特定案件之作法，國會不可向部長質詢。依據 2001–2002 年慈善委員會之年度報告，除了大約 120,000 個免責之慈善機構不計外，當時有 185,948 個登記有案之慈善機構，年收入總共超過 26 billion 英鎊，且總資產超過 70 billion 英鎊。受託人在一百萬人以上，有給員工人數在 563,000 人以上❸。按本書作者早於民國 74 年行政院研考會委託撰寫《財團法人制度之研究》一書中，即建

---

❸　Edwards & Stockwell, Trusts & Equity, p. 210.

❸　Id. at p. 215.

❸　Hayton, The Law of Trusts, p. 114.

議政府仿英國上述 Charity Commission，設立機構監督財團法人。

二、對日本之影響

日本 2008 年施行「關於一般社團法人及一般財團法人之法律」、「關於公益社團法人及公益財團法人之認定等之法律」，在新制度下，排除各監督官署之許可制，只須在法務局登記（準則主義）即可設立法人。為了認定是否公益，在內閣府設置可獨立行使職權之「公益認定等委員會」，此乃類似英國慈善事業委員會 (Charity Commission) 之機關。據云今後公益信託可能與公益法人制度整合，廢除主管官署之許可制，關於公益問題改由公益性認定機關予以認定❸❽。

第四節　社區基金會

一、引　言

集合多數人之少量捐助，以集腋成裘方式匯集成大宗資金，從事公益事業，英美兩國除准許個人以宣言信託方式捐贈財產成立信託外，在美國更可以宣言信託 (declaration of trust) 之方式成立基金會。例如美國之社區基金會 (community foundation)，除以法人方式成立外，亦有採用宣言信託之方式設立，其成效良好。在國內公益事業需求日增之際，美國社區基金會之制度殊有引進之價值，我國信託法於法務部修正小組研擬信託法草案之時，採納筆者提議引進美國社區基金會之制度，惟酌加修改，而於信託法第 71 條明定：「法人為增進公共利益，得經決議對外宣言自為委託人及受託人，並邀公眾加入為委託人。前項信託於對公眾宣言前，應經目的事業主管機關許可。第一項信託關係所生之權利義務，依該法人之決議及宣言內容定之。」即表明為配合國情，對美國社區信託或社區基金會之制度，稍作更張。

---

❸❽　新井誠，《新信託法の基礎と運用》，p. 230 以下。

二、我國信託法下社區信託或社區基金會之設計

(一)為不採用宣言信託之例外

上述社區基金會之規定乃我信託法不承認宣言信託之例外規定。所謂宣言信託係指財產權人以宣言宣布為他人管理處分之方法所設立之信託。日本舊信託法第 1 條規定不承認宣言信託❸。我信託法第 1 條規定：「稱信託者，謂委託人將財產權移轉或為其他處分，使受託人依信託本旨，為受益人之利益，或為特定之目的，管理或處分信託財產之關係。」其文義雖不盡相同，但因規定：「將財產權移轉……使受託人依信託本旨……」亦表示立法者原則上不承認宣言信託。社區信託或社區基金會改採宣言信託之目的乃在對外號召，使贊同該信託之宗旨與目的之社會上不特定多數人能陸續踴躍以委託人身分加入出資，提供財產予該已成立之信託，使其規模日益壯大，而與一般公益信託在成立之初委託人即已固定不同。又一般公益信託之委託人即使人數不少，但先天上受到限制，而此社區基金會委託人之人數理論上可能無限，故其人數與信託財產之規模，非一般公益信託所能比擬。

(二)特　色

社區信託為公益信託之變種，其設立之目的雖亦在促進公益，但有不少特色：

1.委託人兼受託人

原始發起人不但同時具有委託人兼受託人雙重身分，且自己須提供相當龐大之金錢，才能起倡導作用，讓社會大眾響應，此點與一般公益信託

---

❸　按日本信託法在其立法之初，不承認宣言信託之實質理由有下列數點：
　　(1)由於以自己之財產作為目的財產，有損害債權人之虞；
　　(2)法律關係不明確；
　　(3)義務履行易成為不完全。
　　其中最重要者厥為「隱匿財產，有損害債權人之虞」，即「逃避執行之顧慮」。
　　由於近時日本態度改變，此次將其信託法大幅修改，以明文承認宣言信託。

有別。

2.發起之委託人以法人為限，加入者則否

在引進宣言信託制度之初，宜求審慎，並避免流弊發生，故我信託法所定之宣言信託限於法人經決議始得自為委託人及受託人，並邀公眾加入為委託人。法人不限於公益法人或營利法人，但嗣後加入之他人（其他委託人），無論自然人或法人均可按宣言內容自由加入。且其捐資之金額，亦不加以限制，不似原始發起人需提出大量金錢，登高一呼，以期他人響應。

3.加入者只能擔任委託人，不能擔任受託人

發起人雖同時擔任委託人兼受託人，而加入者只能擔任委託人，不能擔任受託人，因此加入者與發起人擔任委託人之時間先後不同，此點與一般信託不同。

(三)設立程序

1.發起及對外宣言前須先經內部決議

由於發起人限定為法人，為了發生拘束力並對外發揮公信力起見，其宣言內容須按該法人章程所定法定程序，內部成立決議。例如股東會決議，或依董事會股東會授權所為之決議，均無不可，但須在法律上有拘束力，以免一旦無效，對加入之公眾因誤導造成損害或困擾。

2.於對公眾宣言前，信託應先經目的事業主管機關許可

社區基金會之組織與營運較一般公益信託複雜，尤其可能引起廣大社會認同設立之公益目的，紛紛將資金加入為委託人。為建立良善監督機制，故在發起人對外宣言前，信託應先經目的事業主管機關之許可。

3.需對外發表成立此種信託之宣言

由於宣言之目的在爭取廣大社區人士之認同而加入為委託人，故須對外宣言，通常在新聞媒體揭示基金會設立之旨趣、目的與加入條件等具體詳情。依法務部頒行之「法務公益信託許可及監督辦法」，以宣言設立信託者，在申請設立許可時，應提出「法人決議」、「宣言內容」等文書，以供審查（第 3 條第 2 項）。而受託人在收受設立許可書後，應立即將許可書連同法人決議及宣言內容登載於其主事務所所在地新聞紙（第 6 條第 2 項），

使公眾周知。

4.設立之效力

⑴信託所生之權利義務依發起人法人之決議及宣言內容

發起人發起對外宣言發生效力後，與嗣後加入之其他委託人（捐資人）之間權利義務如何，包括信託存續期間多長？如何分配信託收益？信託（基金會）之具體組織如何？是否有分配委員會之類組織？信託如何管理與營運？嗣後加入為委託人之人有無資格限制？出捐之數量有無限制？如何出捐？信託終了之原因如何？剩餘財產如何歸屬？等問題，均應依發起之法人之決議及宣言內容定之。如有不一致或牴觸時，如何處理？信託法尚乏明文規定，解釋上似應以宣言內容為準。

⑵其　他

此種社區基金會雖其設立方式與效力有其特殊性，但其目的與受益人方面均與公益信託相近，且列在公益信託一章中，故在其他方面仍適用一般信託，尤其是公益信託之相關規定。

深度研究 美國之社區信託或社區基金會（community trust 或 community foundation）

一、起　源

社區基金會此種公益信託原來名稱是社區信託 (community trust)，但現在這些信託通常都稱為基金會 (foundation)[40]。此種社區信託或社區基金會之構想最早是由俄亥俄州克利夫蘭之 Fredrick H. Goff 氏所提出，Goff 氏是律師及一家信託公司總經理，他看到許多人對慈善事業捐贈，由於目的訂得不夠準確或目標本身有問題而歸於無效，致未能發生預期結果，極為可惜，於是設計出一套可行方案，以防止這些捐贈的失效，同時鼓勵世人從事慈善的捐獻。在 1914 年終於由克利夫蘭信託公司（Cleveland Trust

---

[40] Stephenson & Wiggins, Estates and Trusts (5 ed.), p. 149 et. seq.

Company，其時 Goff 氏為總經理）設立了克利夫蘭基金會 (Cleveland Foundation) 成為有史以來第一個社區基金會。以後此種形態之基金會無論數目與資產都不斷上升。

二、特　色

此種基金會通常與社會福利有關，但在社區控制之下運作，此點與一般基金會不同，其設立乃旨在管理許多被個別指定之基金（通常指定用於特定目的）。本金通常由一個當地銀行與信託公司之信託部門管理，資金則由一個委員會（基於其代表性與對慈善事務之專業）所遴選之人組成之委員會加以分配。有些信託依公司章程運作，但其行政並不因此有所不同❹。

三、組織與營運

㈠社　區

此處社區一詞乃廣義之意，它可能是一個城市、一個郡、一個地域或整個州。例如紐約市 (New York City) 之 the New York Community Trust，在北卡羅萊納州的 Roanoke 與 Chowan Rivers 之間及附近四郡之 the Roanoke-Chowan Foundation，為整個德拉瓦州服務之 Delaware Foundation 等。亦即社區基金會是以其目的與需要為準，而非以地理的界線為範圍。

㈡捐　助

任何欲從事公益活動之人，可對基金會捐助任何數目的金錢或任何種類財產。對於欲對他們社區一般或特定目的捐助，但資力有限，無力單獨成立信託之人極為利便，此亦其所以稱為社區信託之原因。

---

❹ 此項社區基金會之特色為在全體機構之中，信託與法人混合交織，成為有機的結合體來從事公益活動，將信託型與法人型之區分與對立加以揚棄，而為合同的活動。又自機能面觀之，基金會受託人之機能中有關資金投資之權能與交付獎助金之權能在組織方面也加以分離，此又為其另一特色。換言之，資金之投資以信託為中心，掌管資金之受領、投資與會計，而由此所生之收益，則交與由該地區各界領導人物組成之分配委員會，由該委員會公平而有效率的予以分配(參照田中、松本，〈公益信託について——財團法人との對比を中心に〉一文，載《信託法研究》創刊號，p.72 以下；楊崇森著，〈慈善信託之研究〉一文，《中興法學》第26 期（民國77 年4 月），p.248 以下）。

（三）設立文件

1.信託宣言 (declaration of trust)：大多數社區基金會採信託方式。第一步是由一家銀行或信託公司之董事會作成信託宣言，表示他將收受並管理對該基金會之捐助，在宣言中訂定信託之條款。今日通常由社區內所有信託機構一起做共同 (joint) 信託宣言，或同時為同一內容之信託宣言。在任一種情形都對同一分配委員會提供資金❷。

2.章程 (charter)：比較少數社區基金會是法人組織。

（四）受託人

可以一家銀行或信託公司擔任唯一之受託人，或網羅當地所有或大多數信託機構為受託人(個別之受託人而非共同受託人)。在早期社區基金會，受託人只是一、二家銀行或信託公司，效果不佳，後來原先獨家作受託人之銀行與信託公司乃邀請別家銀行與信託公司合作,共同發展社區基金會。參加之每個受託人除了日期與名稱外，都一致採用相同的信託宣言，然後每個捐助人將其對社區之捐助，透過所喜歡之受託人為之。於是所有受託人樂於參加共同廣告，基金會本身也自由廣告，使得基金會變成真正的社區事業。

（五）捐助之形態

對社區基金會捐助之形態有二：

1.未指定 (undesignated) 目的：如對基金會受託人之捐助，未指定使用目的，則由基金會之分配委員會依其判斷，將該財產之原本或孳息用於被授權之目的。

2.指定 (designated) 目的：如捐助人確定捐助使用之目的，並言明是否要動用原本與孳息時，只要辦得通，分配委員會須尊重其捐助之條款，但有不必要或不可能執行此項規定之目的時，則分配委員會可自由將信託賸餘之財產，用於基金會設立宗旨範圍內之其他目的。

（六）分配委員會 (distribution committee)

分配委員會乃社區基金會之礎石。

---

❷　McInnis, Trust Functions and Services, p. 224 以下。

　　1.組織：通常只由社區頂尖之人組成，俾能以前瞻之眼光，公正無私地執行其廣大之處分權。其典型之組織是一人由市長任命，一人由當地州法院法官任命，另一人由社區所在地之聯邦地方法院法官任命，又一至數人由受託人所任命，但受託人任命之委員人數不能超過全體委員之半數，委員每年改選一部分。

　　2.權力與責任：委員會之權限純屬選擇目標，並命受託人加以分配，至於資金之投資、財產之管理或會計出納、簿記等，乃受託人之職權，委員會無權加以過問。在大多數情形，分配委員會將財產分配予現存慈善機構，讓他們對該機構之受益人為最後分配，且有一種 cy pres 權，可將任何無法再有效用於原始設計目的之資金移用於其他目的❸。

---

❸　Fremont-Smith, Foundation and Government, State and Federal Law & Supervision, p. 47.

第三章　金錢信託

一、概　說

　　所謂金錢信託，係指信託業於承受信託之際，受領金錢或可與其同視之支票等作為信託財產，而於信託終了或其他依信託契約之規定，給付原本（信託財產）時，對受益人以金錢給付之信託。在現今我國信託業承辦之業務，以金錢信託為主。由於此種信託在日本特別發達，占信託財產之最大宗，故以下主要就日本及我國之情形加以析述。在日本金錢之信託所以發展，在委託人方面，金錢是日本財產主要保有形態（金融資產）與傳統上該國人民一直維持高儲蓄率；在受託人方面，有原本填補特約之金錢信託與放款（貸付）信託能吸收大眾資金，又開發企業年金信託等社會需求高之商品，由於符合長期資金供給需要與投資市場動向，運用能維持高利率等。又在法制面言，信託財產之金錢，可依合同運用（日本舊信託法第 28 條但書）對財產為長期安定之運用，在指定金錢信託，承認原本填補等特約（日本信託業法第 9 條）等，皆係其重要原因。由於金錢信託，信託銀行建立了長期金融機關之地位，現在不但長期在金融市場，且在證券市場亦占重要分量。放款（貸付）信託、證券投資信託、年金信託皆係金錢信託之一形態❶。茲依上開定義分析如下：

　　㈠金錢信託係一種營業信託。

　　㈡信託業承受信託時，其信託財產須為金錢。受託之金錢日後投資於有價證券，而變形為有價證券時，仍然屬於金錢信託。

　　㈢於信託終了或其他依信託契約給付原本（信託財產）時，須對受益人以金錢為給付，此際信託財產不依其現狀給付，而須換價為金錢，加以給付，此乃金錢信託之特色。

---

❶　三菱銀行，《信託の法務と實務》，p. 266。

二、金錢信託之分類

金錢信託得為種種之分類，惟各種分類方法在實際交易時往往相互交錯而成（例如在日本，證券投資信託往往係單獨運用固定式自益特定金錢信託，年金信託往往為單獨運用追加式他益指定金錢信託）。實務上特別重要者如下：

㈠自益信託與他益信託

自益信託與他益信託之區別學說上似不受重視，但實務上甚為重要。蓋在自益信託，因委託人自身係受益人，故富於為委託人管理財產或牟利之色彩。反之，他益信託之本質不僅係財產之管理與牟利，更富於贈與之色彩。

㈡固定式金錢信託與追加式信託

於成立金錢信託時，須有委託人之要約與金錢之存入，其以先後數次存入之信託，謂之追加式信託；如只存入一次，以後不再追加者，稱為固定式金錢信託。

㈢特定金錢信託、指定金錢信託、無指定金錢信託

在日本，金錢信託由於信託財產運用方法之不同，可分為：⑴特定金錢信託，⑵指定金錢信託，⑶不特定及不指定之金錢信託（在日本簡稱為無指定金錢信託）。我國銀行法關於金錢信託，僅分為：⑴由信託人（按即委託人之誤）指定用途之信託資金與⑵由公司代為確定用途之信託資金兩種（第 110 條）。在解釋上第一種指定用途之信託資金可認為與日本之特定金錢信託與指定金錢信託相當，而由信託業代為確定用途之信託資金，則與日本之不特定之金錢信託近似。茲以日本通行之分類為標準，分述於次：

1.特定金錢信託

凡運用方法特定之金錢信託，亦即信託財產（金錢）之運用對象限於特定財產，或由委託人或其代理人隨時具體指示者，稱為「運用方法特定」，或「特定運用」金錢之信託。在此種信託，信託財產之運用方法雖須特定，但其特定至如何程度並無明確之標準，但至少在運用信託資金時，必須具

體訂定金額、債務人、擔保品；在將金錢投資於股份之場合，股份之種類
（不僅須載明公司之名稱，且須載明究係普通股或優先股，舊股或新股）、
股數及購進之價格等須具體標明。例如在信託契約上「取得○○公司股份
○○萬股」，「以不動產擔保放款（貸付）予○○公司○○億元」之程度，
指示信託銀行者，亦有概括訂定「委託人對受託人為有關信託財產運用之
指示」，而在具體場合委託人對信託銀行以文書等方法指示「取得○○公司
股份○○萬股，出賣○○公司股份○○萬股」等。另特定運用之例，則有
證券投資信託、從業員持股信託等。

2.指定金錢信託

在此種信託，委託人僅指定信託財產之運用方法及標的物之種類，稱
為「運用方法指定」或單純「指定運用」金錢之信託。例如指定將信託資
金用於放款、貼現、公債、公司債或存款，但如僅指定將信託財產之一部
投資於股份之類，概括地指示運用範圍，至於具體如何運用委諸受託人之
決定亦無不可。運用方法之指定，最普通的是「股份、公司債」之類包括
的訂定，亦有「限於東證一部股份、美國公司債」之類程度，由信託銀行
在此指定範圍內選擇具體之運用對象。在指定運用方法中，亦包含放款（貸
付）信託與企業年金信託，而占金錢信託之大半。

3.無指定金錢信託

此係運用方法不特定亦不指定之金錢信託。乍觀之下，信託業似可完
全自由管理運用信託財產，實際上各國法令為保護受益人起見，往往對信
託財產之運用方法加以限制，以致其運用方法與對象並非無指定或無特定。
我國新銀行法對於公司代為確定用途之信託資金之運用範圍雖無限定之明
文，但信託業法第 32 條規定，其運用範圍限於下列各種：

(1)現金及銀行存款。

(2)投資公債、公司債、金融債券。

(3)投資短期票券。

(4)其他經主管機關核准之業務。

同時規定主管機關必要時，得對前項金錢信託規定營運範圍或方法及

其限額。

我國目前信託業之金錢信託，可分為下列二種：

1.特定金錢信託

受託人對信託財產無運用決定權之信託（投資於國內與境外基金及以外之有價證券，其中以境外基金、海外連動債及國內基金之證券投資信託基金）為大宗。此外又有所謂「結構型商品」，即將固定收益型商品（如債券）與衍生性金融商品（如選擇權、期貨、SWAP）結合，即將本金購買債券等固定收入之商品，將孳息投資連結利率、匯率、選擇權或股價指數等衍生性之金融商品。

2.集合管理運用金錢信託（依「信託資金集合管理運用管理辦法」第2條）

含指定（概括指定）與不指定營運範圍或方法兩種，均由受託人設置集合管理運用帳戶，並對其運用有決定權。帳戶涵蓋國內外基金組合、股票、ETF債券、證券化商品及退休配置等。

在日本無指定金錢信託實際上限定於下列方法（但另有訂定者除外）：

⑴公債及依特別法令設立之公司公司債之應募，承受或買入。

⑵以國債及其他前款之有價證券為擔保之放款。

⑶郵政儲金。

⑷銀行存款。

此種運用方法之限制係為保護受益人而設。但因過於重視安全性、確實性，致運用範圍過狹，信託銀行無法發揮運用之手腕。如另有訂定，雖不受上述限制，但失去無指定之意義，因此現在無指定運用信託完全未實行。

㈣單獨運用金錢信託與合同運用（我國信託業法將合同運用改稱為集合管理運用）金錢信託（按信託財產管理方法區分）

原來信託財產之管理，以與受託人之固有財產或其他信託財產分別管理為原則，稱為分別管理之原則。例如我信託法第24條規定受託人應將信託財產與其自有財產及其他信託財產分別管理。違反此原則之受託人應賠償損害，除非證明縱為分別管理，而仍不免發生損害外，不得以不可抗力

為理由而免其責任，即就信託財產之分別管理，採取嚴格之態度。

然金錢由於其性質特殊，不能不承認例外。我信託法第 24 條第 1 項後段規定「信託財產為金錢者，得以分別記帳方式為之」。換言之，金錢只要能明確計算，不必分別管理，而可與其他信託財產之金錢合同予以運用。因此，屬於金錢之管理方法，可分為單獨運用與合同運用兩種。單獨運用係適用信託財產分別管理原則之金錢信託，而合同運用則係依照例外辦理之金錢信託。

在日本單獨運用有企業年金信託等，合同運用則有放款（貸付）信託、從業員持股信託等。日本信託業務由於合同運用，致小額資金亦可受託，擴大市場發展。但最近由於企業年金信託與信託財產之大額化等原因，單獨運用之情形也不斷增加中。

㈤按信託財產交付方法之分類

在日本信託終了（一部解約）時，信託財產換算為金錢，交付予受益人者稱為「金錢信託」，其依現狀交付信託財產者，稱為「金錢信託以外之金錢之信託」，又稱為「金外信」。例如放款（貸付）信託與企業年金信託為金錢信託，Fundtrust 為金外信❷。按信託終了時，在英美原則上以財產現狀交付，但在日本通常係換價為金錢交付予受益人。其理由：(1)信託金錢之相當部分已用於放款，致信託終了時，無法以現狀交付。(2)由於換價為金錢，利潤可確定，而受益人亦可得到滿足。(3)對受益人亦便利。

三、合同運用金錢信託之特色

如上所述，合同運用金錢信託係將由多數信託行為所積聚之金錢，整體加以運用之金錢信託，受益人按信託金額擁有此運用團（整體）之持分。由此即使難以單獨運用之少額資金，因受託人利用此合同運用之方法，成為巨額之資金而為有利之運用。在日本此種信託，長久以來成為信託銀行之營業基礎，所含商品甚多，包括：放款信託（貸付信託），金錢信託，個

❷　Fundtrust 乃以有價證券運用為目的，在委託人指定範圍內，運用方法悉由受託人決定之單獨運用之指定金外信託。參照鴻常夫，前揭，p. 188。

人年金信託，財產形成信託，社會貢獻型金錢信託等，信託業將其自由合同運用，需具備下列要件：

第一、信託契約或信託證書上有集合（合同）運用之合意。

第二、依據信託契約可與其他委託人之信託資金採取同樣運用方法。

合同運用所生利益之分配，係從各個運用團所得之利益，按受託原本與運用時間之比例計算。由於一個運用團的單位往往由無數信託財產與無數受託人所構成，其結果各個信託契約之性格變成極其微弱，各個受益人之地位亦大為減弱，以致各個受益權轉化為單純的應有部分，同時提高了信託財產歸屬於信託業的程度，此外，由於合同運用亦可訂定原本填補之契約，以致合同運用金錢信託逸出了信託原來的形態，而與銀行存款變成沒有多大不同。

合同運用並不特別限定於指定金錢信託，如信託目的、信託財產之運用方法，以及其他信託契約條件相同，理論上亦可將特定金錢信託的金錢加以合同運用，但因兩個以上特定金錢信託契約條件相同之情形頗為稀少，而且即使有之，將幾個信託財產加以合同運用，不但使事務煩雜，且缺乏實益，故此種事例實際上頗為罕見。

四、銀行存款與金錢信託之差異

銀行存款與金錢信託外觀雖頗近似，而實質不同，二者有下列差異：

㈠銀行存款之法律性質為金錢消費寄託，銀行取得存款之所有權，並依存款契約，對存款人返還原本與支付約定利息為已足。存款所生之利益與損失，與存款人無涉。反之，在金錢信託委託人授受之金錢成為信託財產，既不屬於受託人，亦不屬於受益人，而成為獨立之存在。在另一方面，信託業按照信託之本旨，以善良管理人之注意處理信託事務為已足，其運用結果損益皆歸受益人。不過今日信託業對於特定金錢信託以外之金錢信託，由於往往與客戶訂有原本填補與利益補足之契約，以致信託業之責任為之加重而已。

㈡銀行之存款人對於存款如何運用概不過問，僅以收取一定利息為目

的；反之，金錢信託之受託人應依照契約所定運用方法，完成信託目的。

㈢存款人就存款之返還與利息之支付，對銀行按債權人行使債權之方式，而與銀行之其他債權人居於平等之地位；反之，金錢信託之信託財產係獨立之財產，信託業破產時，受益人可排除其他債權人之扣押。信託業違反信託義務時，受益人可主張損失補償、信託財產之回復請求及處分之撤銷。

由上可知，法律上銀行存款與金錢信託間差異不少，但事實上現今典型之金錢信託（有原本填補契約之指定合同金錢信託）與銀行存款（尤其定期存款）間，就信託之目的、運用之方法、損益之歸屬等似無大不同。

五、原本填補與利益補足之契約

依據信託之原理，信託之利益不應歸屬於受託人，而信託之損失亦不由受託人負擔。因受託人負擔以信託財產為限度之有限責任，受託人只要沒有管理失當或違反信託之行為，處理信託事務之結果，即使發生損失，亦歸受益人承擔。但日本舊信託業法對此原則，特就運用方法未特定之金錢信託為例外之處理。即信託公司與委託人得訂立契約填補原本所受之損失，又於不能獲得預定數額之利益時，加以補足（日本舊信託業法第 9 條）（惟此種原本填補與利益補足之契約，僅以運用方法未特定之金錢信託為限，在運用方法特定信託及金錢信託以外之信託均不得為之）。因在此種信託，信託財產運用之判斷事實上委諸信託公司，故其運用之責任亦應由信託公司負擔。且日本制定信託業法時，信託公司尚未獲得社會之信賴，故法律為助長信託交易之信用，保護受益人並謀信託業務之發展起見，而承認此種例外。

在我國，前信託公司管理規則第 29 條規定：「由信託投資公司代為確定用途之信託資金得於信託契約載明，由其負責本金之損失，在本規則公佈三年內並得保證最低收益率，該項保證收益率應由同業協議報請財政部核定，並以不超過同期限之銀行存款利率為限。」現行銀行法第 110 條第 2 項規定：「信託投資公司對由公司確定用途之信託資金，得以信託契約約定，

由公司負責，賠償其本金損失。」即對於公司確定用途之信託資金，法令亦承認原本填補甚至利益補足之契約。此種原本填補與利益補足之契約，在法律上係一種保證契約，即金錢信託行為之從契約。

深度研究　日本之金錢信託

一、金錢信託之概要

所謂金錢信託乃合同運用指定金錢信託之原型，其歷史可回溯二次大戰前，為主力商品。信託期間為一年以上，實際以五年占其大半。

二、信託約款

(一)合同運用金錢信託約款

本來委託人可任意定其契約內容，但為了與不特定多數委託人交易起見，採取由各信託銀行作成合同運用指定金錢信託約款，基此締結信託契約之型態。

(二)特　約

在實際承受信託時，委託人可在協議後於約款上附上特約。惟須不違反金錢信託約款之基本內容（依運用取得財產之種類，收益計算方法等）。現在特約多係在一定時期支付學費或保險費以及信託期間之自動延長。戰後則有以儲蓄子女教育資金為目的之「教育資金信託」與積蓄海外旅行資金之「海外旅行信託」等。又以信託收益定期支付保險費之「交通傷害保險信託」等亦曾甚為普及。但後來隨著國民生活之提高，儲蓄失去重要性，致金錢信託特約之情形為之減少。

三、信託證書

信託契約雖為非要式之法律行為，但信託銀行締結信託契約被要求作成書面。實務上由於金錢信託交易件數眾多，故將信託證書或印上信託證書之存簿交付委託人。實務上於追加支付信託金錢之際，以存簿較為便利，致多採存簿式。

信託證書在法定事項之外亦可記載約款。信託證書乃證明受益權之存

在與內容之證據證券。

四、最低信託金額

(一)當初最低信託金額

一般金錢信託於信託設定之際，最低信託金額為五千日圓以上。此乃因信託業法制定當時，為免與銀行存款過度競合，限定金錢信託須金額較大之資金，現在最低信託金額亦變成虛有其名了。

(二)追加信託金

在金錢信託除當初信託金之外，隨時可追加信託金。

五、信託期間

有一年、二年、五年之分，實務上幾乎全是五年。

六、原本填補特約，利益補足契約

一般金錢信託乃運用不特定之金錢信託，故附上原本填補之契約，因此成為安全之金融商品而普及化。

在信託業法雖亦可締結利益之補足契約（即無法收到預先約定之利益時，由受託人補足差額之契約），而實際上並未施行。

又信託銀行為準備金錢信託發生損失，需要填補原本，須存相當債權賠償準備金。

七、信託財產之運用

組成一個運用團運用。其對象，依各信託銀行有所出入，但包括放款、票據貼現、公債、公司債、股票、通知放款 (call loan)、交易性商業本票 (commercial paper)、不動產、信託受益權及存款等。由於是希求安全運用之商品，實際多運用在附擔保放款及國債。

八、收益金

雖屬實績分配主義，但由於以一般大眾為相對人，及基於金融政策之考慮，在受託之際，告知顧客預定收益率。

信託終了時，不待該期運用收益之實績，而按預定分配率，計算出前次計算期以來之收益。

第四章　金錢債權之信託

第一節　總　說

一、概　說

在日本金錢債權之信託頗為盛行。所謂金錢債權之信託，乃以金錢債權（以金錢之給付為標的之債權）作為信託財產之信託。亦即受託人（例如信託銀行）成為債權人，從事金錢債權之收取、時效之中斷、督促等，凡為保全債權所必要之一切管理，並將所收取之金錢交付受益人。

金錢債權之種類並無限制，故放款債權、人壽保險金請求權、賒賣債權、股東之出資等均包括在內。票據雖係有價證券，但因係表彰金錢債權之工具，故在信託處理上並非有價證券之信託，而是金錢債權之信託。

在美國將人壽保險金請求權加以信託，於委託人（被保險人）死亡時，由受託人取得保險金，分配予被指定人，而開始信託業務，故金錢債權之信託在美國歷史上有意義。但在日本金錢債權信託，受託人之任務係金錢債權之保全、收取與所收取金錢之分配，不需專門能力。且一般以金錢債權之收取為目的之信託，可由債權收取委任（基於債權人之委託辦理收取之一種代理行為）予以代替，以致利用讓與債權、支付服務費之「收取信託」之需要不多。

因此在日本，金錢債權之信託長久以來除了「人壽保險信託」外，幾乎並無處理實績，受託金額微少。但自受理「住宅貸款債權信託」開始後，由於受益人（被信託金錢債權之債權人）可將受益權出售予機構投資人，早在清償期日以前，作為資金回收之手段(refinance)，故由住宅金融專門公司將住宅貸款債權加以信託，並將其受益權出賣而使用，致其業績快速增加。加以最近流動化債權種類擴大，融資租賃(lease)債權、分期付款債權、應收帳款債權等亦使用信託之方式予以流動化，致金錢債權信託之重要性

為之升高。平成 5 年施行「關於特定債權事業規制之法律」(特定債權等に係る事業の規制に關する法律，通稱特定債權法)，作為將融資租賃債權、分期付款債權等流動化之一種手法，除了使用讓與方式 (特別目的公司 SPC 方式) 與合夥方式外，亦採用信託方式❶。

按將資產流動化之後，有保護投資人之必要，此時信託方式比起其他債權流動化手法為佳。因信託財產有獨立性，即使原債務人破產，第三債權人亦不能執行信託財產，可使投資人迴避此風險，在法律上較為安全。此外，信託財產又有由受託人確實加以管理，不可與其他財產混同等優點。

二、可信託之金錢債權

㈠須係可讓與之債權

為了信託金錢債權，其債權須有由委託人讓與受託人之可能。故禁止讓與之金錢債權、一身專屬之金錢債權等不能信託。

㈡金錢債權須不致發生困擾

倘受託在支付等方面有紛爭之金錢債權，不僅信託事務之處理發生困難，且有被推定為信託法所禁止之以訴訟行為為目的之信託之虞，故應加以避免。

㈢債權須能確定

受託人為了處理信託事務，金錢債權之金額與清償期等須能確定。

三、與委任收取債權不同

票據等持有人為了委託銀行收取款項而背書，亦可謂為信託的讓與，但信託的讓與仍與信託不同。在信託的讓與，受託人之任務僅限於收取，而信託之受託人更辦理收取所必要之督促、時效中斷等事務。

四、附隨於金錢債權之權利義務

將金錢債權成立信託，債權人之名義自委託人變更為受託人時，委託

---

❶ 三菱銀行，《信託の法務と實務》，p. 533。

人所有之人的權利義務，皆照樣由受託人承繼。債務人對委託人（債權人）所有之人的抗辯權，對受託人亦可對抗。將附有擔保權之金錢債權信託時，依物權附從性之原則，擔保權亦隨著主債權移轉於受託人。

第二節　住宅貸款債權信託

一、概　說

在日本住宅貸款債權信託頗為流行。此種信託之目的在管理處分委託人所保有之住宅貸款債權及委託人之資金籌措。信託期間最初為七年，後來變為自由約定。決算期為每月或每月與每半年併用，收益之分配係按實績分配。至受益權之讓與❷，由於按指名債權讓與之方式，故需受託人之承諾。

此種信託之組織架構如次❸：

㈠金融機構或住宅金融公司(委託人兼當初受益人)實行住宅貸款融資。

㈡由委託人將其對多數住宅貸款債務人（顧客）所保有利息、期間等條件相同之住宅貸款債權，整理成為一個團體（單位），信託予信託銀行（受託人）。

㈢信託銀行作為受託人，雖管理處分住宅貸款債權，但將有關管理受託之住宅貸款債權之一部事務（債權本息之收取、擔保權之管理及其他附隨事務）委託委託人處理。

㈣信託銀行交付住宅委託人受益權證書，作為此信託契約受益權之證明（平成 5 年此受益權有價證券化，對投資人之保護更見充實，委託人負有該國證券交易法上之透露義務）。

㈤委託人由於將受益權讓與予年金基金等機構投資人（受益人）而確

---

❷　關於受益權之意義與有關問題之說明，可參照楊崇森著，《信託法之原理與實務》，第十九章。

❸　住宅貸款債權信託由於委託人在一定情形有無買回信託財產之義務，可大別為買回與賣斷二種方式，參照三菱銀行，《信託の法務と實務》，p. 541 以下。

保新住宅貸款之資金，並使住宅貸款債權流動化。

㈥委託人把從顧客收取之貸款還款（本息）交付信託銀行。

㈦信託銀行自還款（本息）中扣除所定信託報酬，事務委任手續費等費用後，將償還之原本與收益交付受益人。

㈧信託終了時，信託銀行將此時殘存之住宅貸款債權出賣予委託人（即由其買回），自其價金中將與殘存原本相當數額之金錢交付受益人❹。

二、住宅貸款債權信託之特色

㈠多數債權之一併受託

此信託係將許多貸款債權結合一併受託。被信託之住宅貸款債權中若有一部變成期前不能償還或無法收取、或有此危險時，與住宅金融公司所保有之其他貸款債權交換。此乃自保護受益人之觀點，為保持信託財產之健全與安全而設，實質上具有填補受益權原本之機能。

㈡信託事務之一部委任

信託銀行與住宅金融公司之間締結有關事務委任之協定，由信託銀行（受託人）將信託財產（長期住宅貸款債權）之收取與管理及擔保權之管理事務委任住宅金融公司（委託人），以謀事務處理之順暢❺。

第三節　特定債權信託

一、概　說

日本之融資租賃與分期付款業界為了籌措資金，過去係採向金融機構借貸之間接金融方式。鑑於美國 1980 年代中期開始，這些債權小額化之販賣急速進展，對用直接金融與資產流動化之方法來籌措資金漸感關切。為了販賣小額化債權，籌措資金起見，須講求新流動化之手法。然販賣此種

---

❹　近年來委託人、受益權購入人（投資人）之範圍擴大，且除從來買回方式外，又加上賣斷方式，信託期間亦彈性化。

❺　小林桂吉，《信託銀行讀本》，p. 201。

小額化債權，為免投資人蒙受不測之損害，對業者須有適當之規制，以保護投資人，因此在平成 5 年施行了「特定債權法」。該法規範之對象為：

㈠融資租賃、分期付款公司保有之特定債權等讓與予特別目的公司(簡稱 SPC：特定債權等受讓業者)，由特別目的公司將此種債權予以小額化，然後讓與投資人。

㈡投資人組成合夥，自融資租賃、分期付款公司購進其保有之特定債權，而受利益或收益分配。

㈢融資租賃、分期付款公司將其保有之特定債權信託予信託公司，將其受益權販賣予投資人。

二、特定債權信託之組織架構

其基本組織架構與住宅貸款債權信託相同，故僅就其特色說明如次：

㈠委託人

限於融資租賃、分期付款公司等向通產大臣申報為特定債權等信託之業者。委託人乃信託成立當初之受益人。

㈡信託之債權

融資租賃債權、分期付款債權等之金錢債權或融資租賃物品（如汽車貸款等之分期付款債權等）。

該法為了保護投資人，對特定事業者課以具備對抗第三人要件之義務，但在有多數債務人之大量債權讓與，由於具備民法上對抗第三人之要件頗為繁雜，故該法新採以公告取代之簡易方式。

但如對資本五億日圓以上之股份有限公司或銀行等金融機關（銀行、信託公司、證券公司、保險公司等），只為販賣之勸誘時，如滿足一定條件，可免除申報與具備對抗要件之義務。

㈢受益權之讓與方式

與住宅貸款債權信託相同，有賣斷與買回兩種方式，現今多利用買回型。

㈣受益權之償還期間

一個月以上。

(五)**受益權之販賣單位**

五千萬日圓以上（每單位為一千萬日圓）。

(六)**受益權販賣之處理**

由信託銀行辦理。

(七)**受益權之讓與**

除一定事由外，不可直接讓與其他顧客。

(八)**中途解約**

原則不可，但自販賣起經一個月後，委託人等亦可買取。

(九)**受益權之形態**

雖亦可按原狀出賣受益權，但在賣斷之情形，作了減輕投資人風險與易於販賣之安排。如係賣斷方式，則購入受益權後之債權或資產之風險悉歸投資人負擔。因此將受益權分為「可優先受取償還原本或分配一定收益之優先受益權」，與「只能收取在對優先受益權償還原本與分配收益之剩餘之劣後受益權」二種，而大多只出賣優先受益權予投資人。由於委託人之需要與信託財產可預測之危險率等之不同，對劃分受益權可有種種不同安排。

(十)**不當販賣等之禁止**

該法規定禁止誇大廣告、不當勸誘；又規定購入資金，由販賣者融資，以及取得受益權前與取得時，對顧客應交付書面等，但不適用於信託銀行。

第五章　附擔保公司債信託

第一節　總　說

　　所謂附擔保公司債信託 (corporate trust)，並非公司債券此種有價證券本身之信託，亦非公司債債權之信託，乃為確保公司債債權（擔保所發行之公司債券本息受清償）起見，將公司債擔保權交付信託，即在物或權利之上設定質權或抵押權之信託。換言之，在公司為籌措資金發行附物上擔保之公司債之場合，公司債債權人與公司債發行公司之間，由於信託公司之介入，使信託公司為所有債權人擔任物上擔保權之保存及實行之任務。此種信託為英美所發展，成為公司籌措大量資金之手段❶。日本早在正式引進信託制度，頒行信託法之前，即首先制定「附擔保公司債信託法」，對該國資本主義之形成助益甚大。

　　何以公司債之發行要利用信託法理? 原來公司債係股份有限公司籌措長期資金之手段，而對廣大公眾直接、間接作集團性的舉債，吸收游資。當公司需要資金時，如能自單一債主 (lender) 或一銀行借到所需之所有資金，則可設定抵押權或訂立貸款契約 (loan agreement)，而不需受託人之介

---

❶　此種信託在美國稱為 corporate trusts，除了附擔保公司債信託外，公司信託 (corporate trust) 尚有二種特殊種類，即一為設備信託 (equipment trust)，二為收入債券信託 (revenue-bond trust)。

　　所謂收入債券信託乃美國市政府與其他法定政府機構贊助興建與維護橋梁、隧道、水道工程 (waterworks)、下水道處理工廠及其他公共工程時所利用之特殊信託型態。在這些情形，工程或設施本身並非移轉（且依法律可能不能移轉）予受託人作為擔保，而是以對使用有關設施之人（如過路人）所徵收費用（如過路費）之收入作為質物（擔保），故信託財產係由收入之設質而構成。受託人有義務注意收取所徵收之費用（如過路費等），加以結算，且用於支付債券之利息以及為最後之結算。這種信託乃一種特殊公司信託 (corporate trust)。參照 Stephenson & Wiggins, Estates and Trusts, p. 162。

入。但公司常需較為龐大之資金，且需較長期間，因此須向投資大眾，即數百或數千個別債主借款。此時公司與個別債主如一一締結獨立抵押或借款契約，窒礙難行，因此須利用信託，由信託機構以受託人資格介入❷。

利用信託之理由是：所有債券持有人有平等與按比例之擔保；公司不適合與一大堆個別債主訂立個別契約，此種信託方法為公司債提供廣泛流通與變現之方法，使受託人比起眾多債主不但便於執行擔保，且更有效率與迅速❸。

信託公司可否承接受託人之職務，主要視舉債之公司是否有經驗與信用，及舉債是否可望成功而定。雖然受託人並不擔保債務按信託 indenture 發行，但使用聲譽良好、肯負責之信託機構為受託人，必然有助於投資大眾之購買，故信託公司應確認委託人（債務人公司）指定其為受託人，其主要動機並非出於利用受託人之聲譽，使投機性之證券銷路更佳。

1939 年美國國會通過 The Trusts Indenture Act（修改 1933 年之 The Securities Act），鑑於欲發行公司債之公司良莠不齊，為了保護投資人，要求信託 indenture 賦予受託人充分權限、義務與責任，使其能保護債券持有人，又發行公司、承銷人與受託人相互間須無利益衝突。此外要求發行公司提供財務資料與其他資訊予受託人，如不符合這些及其他條件，則證券委員會 (Securities and Exchange Commission) 不准債券公開出售。

公司債債權人既係公司之債權人，當然希望獲得擔保，俾其債權之清償能獲得確實之保障。但於發行公司債時，因公司債債權人係無數不特定

---

❷ 在美國發行公司先作成一個稱為 indenture 的信託契約，成立附擔保公司債信託（corporate trust），此信託契約在附擔保公司債契約與一般信託不同，不但名稱特別，且用語不一，包括 a deed of trust，a debenture agreement，trust indenture 或 indenture，本文以下對 indenture 一詞原則上不加中譯，以免讀者更加困惑。很多信託或 indenture 是以抵押方式辦理，再由公司發行債券交付予債權，此等債券由受託人證明或確認（certified or authenticated），係依特定 indenture 發行，該 indenture 應詳列公司向公眾借款契約之各種條款，通常厚厚一大本，內容極為複雜。

❸ 粟栖赳夫，《擔保付社債信託法の研究》，p. 73 以下。

之人，對於此等公司債債權人一一個別提供擔保，極為困難。而且即使可能，如公司債債權人各別享有並行使其擔保權時，必然發生極其複雜之法律關係。同時公司債係有價證券，可以輾轉流通，債券一經移轉，公司債債權人隨之更易，其所有之擔保權亦隨之移轉，致其法律關係更形複雜。故除非設計特殊方法，實務上無法為公司債提供擔保。在此情形下，惟有利用英美之巧妙信託法理，始能解決此種困難，而達到避免為無數公司債債權人各別提供擔保之不便，及由此所生法律關係複雜化之目的❹。詳言之，其方式係以公司債發行公司為委託人，以信託公司為受託人，以公司債債權人為受益人，為將來所有公司債債權人享受共同擔保利益之目的，由公司債發行公司與信託公司之間締結信託契約，在發行公司自己之一定財產上，以受託人為擔保權人，設定擔保權。其結果受託人（信託公司）為所有公司債債權人取得物上擔保權，同時為此等受益人負擔管理與處分。在此種安排下，公司債債權人與擔保權人分屬不同之人，是為附擔保公司債信託之一特色。

委託人倘如期清償公司債之原本與利息，則因信託之目的已經達成，受託人之擔保權歸於消滅，當事人之信託應行終了。但如委託人違反信託契約，不履行清償原本與利息之義務，或遲延給付時，則受託人應實行擔保權，將擔保物拍賣，以其價金供公司債之清償。在此情形，受益人即所有公司債債權人，按其應有部分自價金中平等受清償，以致所有公司債債權人可獲致與個別被提供擔保同樣之實益。

第二節　附擔保公司債之種類

附擔保公司債可分為兩種，其一為就同一擔保限一次發行，其二為在一定公司債總額之限度內，設定同一順位之擔保權，分數次發行公司債。前者稱為閉鎖擔保之公司債，後者稱為開放擔保之公司債。分述於次：

一、閉鎖擔保 (closed mortgage)

所謂閉鎖擔保，乃在發行附擔保公司債時，將發行公司（委託公司）

---

❹　楊崇森，《信託法投資》，p. 106 以下。

與受託公司之間信託契約所定之公司債總額一次發行，且所提供之擔保只作擔保該公司債之用，日後不得再以同一擔保發行同一順序之公司債。

此種制度對公司債債權人極為有利，經常能確保順序在前之債權，即使發行公司日後以同一擔保發行公司債，亦無因此而影響其擔保之虞。惟此種制度對發行公司頗為不利，因公司追加發行公司債時，發行在後之公司債其擔保權之順序在發行在先之公司債之後，故為吸收游資起見，必須以提高利率或以折扣發行等，對債權人較為有利之條件發行，而對公司較為不利。為了避免此種缺陷，須將企業設備分割為數個，分別為公司債設定擔保。但如此不但手續繁雜，且由於設備之分割，減少了擔保之價值，因企業之設備乃有機的結合，唯有集合成為單一體，始能增加其擔保價值，是以如分割設備，個別設定擔保權，則於行使擔保權時，勢必破壞了以設備為一體之企業組織，而大大減少了其擔保之價值。

二、開放擔保 (open mortgage)

所謂開放擔保乃在發行公司與信託公司締結之契約上，預先訂定公司債之總額，並以同一標的物設定擔保權。發行公司於需要資金時，可在原定公司債總額限度內，分數次發行附有同一順序擔保之公司債，而與公司法上授權資本制不無相似之處。在此種安排下，分次發行之各次公司債債權人，不問其公司債發行日期之先後，可就同一擔保取得同一順序之擔保權，而不致顧慮處於不利之地位，而降低認購意願；在另一方面，公司亦可以其企業設備為擔保，充分發揮其擔保作用，而獲得合理的資金融通。

第三節　附擔保公司債信託與一般信託之差異

一、附擔保公司債信託乃基於契約而成立

一般信託原則上依委託人與受託人間之契約與委託人之單獨行為兩種信託行為而成立，反之，附擔保公司債信託只由於發行附擔保公司債之公司（委託人）與承受發行之信託公司（受託人）之間所締結之信託契約予

以設立，並無由委託人單獨行為設立之情形。

二、附擔保公司債契約之締結須作成信託證書

在一般信託，信託契約通常在委託人與受託人之間，因發生信託之合意而成立，信託契約之作成亦不須任何方式。換言之，在信託契約委託人依信託之目的，就一定財產權為移轉或其他處分之要約，經他方予以承諾而成立。反之，附擔保公司債信託必須訂立信託證書，因附擔保公司債信託係為所有公司債債權人之利益，由受託公司取得信託財產（即擔保權）之制度，此種信託契約與一般信託具有不同之意義，故有些國家立法規定，信託契約應以信託證書締結，該證書應具備法定形式，且須明白記載具體內容及其他有關運用之手續（例如日本附擔保公司債信託法第 18 條、第 19 條），更屬要式契約。

三、附擔保公司債信託設定之目的以一種為限

在一般信託，只要不違反公共秩序、善良風俗，無論何種事項均得為信託之目的，法律上並無限制；反之，附擔保公司債之目的僅在受託公司將公司債上所附之擔保權為所有公司債債權人予以保存及實行，使所有公司債債權人按債權額平等享受擔保之利益，其目的須以一種為限，而不能以以外之事項為目的。

四、附擔保公司債信託以物上擔保權為其信託財產

在一般信託，信託標的物之財產權在法律上以無限制為原則，凡可以移轉或為其他處分之財產權，幾皆可為信託財產，其範圍甚為廣泛。但在附擔保公司債信託，可為其客體之財產僅以物上擔保為限，故其範圍較一般信託殊受限制，各國法律對其種類多加明定❺。

---

❺　日本信託協會，《信託實務講座⑤》，p. 67 以下

五、附擔保公司債信託，受託人欠缺對信託財產之管理權

在信託財產管理方面，附擔保公司債信託與一般信託最大不同是：在一般信託，信託之受託人對信託財產享有各種所有權與管理權，而在公司債信託，受託人對信託財產之管理無權過問，至少在發行公司遲延履行付款債務 (default) 以前如此。且除非財產由抵押之證券構成外，甚至連占有權亦不克享有❻。

六、附擔保公司債信託之委託人與受託人係股份有限公司，而受益人則係所有公司債債權人

在信託當事人方面，在一般信託，不問自然人、法人均無不可，又委託人之資格法律上亦無限制，原則上有行為能力之人，無論何人均可充委託人，但受託人之資格則往往加以限制，故未成年人、禁治產（受監護或輔助宣告）人、破產人等，不得充受託人。而在附擔保公司債信託，委託人乃發行附擔保公司債之公司，而受託人則多限於信託公司，故信託之當事人係公司組織。其次，在受益人方面，在附擔保公司債信託，受益人乃公司債債權人，而與一般信託之受益人亦有不同。

七、在附擔保公司債信託，於信託設定之際，受益人尚未確定

在一般信託，雖亦有預期受益人不特定或尚未存在，而訂定有關約定之情形，然此情形究屬罕見，通常受益人於信託設定之際例皆存在，且已特定。但在附擔保公司債信託，於信託設立之際，受益人通常尚未確定。因附擔保公司債係依據委託公司與受託公司之間所締結之信託契約而發行，故在時間上信託之設定恒先於公司債之發行（雖然例外間有於訂立信託契約同日發行公司債之情形，但即使此種場合在順序上亦係首先締結契約而後發行公司債），致設立信託之際，公司債債權人即受益人尚未確定，此亦附擔保公司債信託特色之一。

---

❻　McInnis, op. cit., p. 341.

八、附擔保公司債信託乃私益信託及他益信託

在一般信託，可能係私益信託，亦可能為公益信託，且在私益之中，可能為委託人自身或第三人之利益而設立，故可能為自益信託或他益信託，反之，在附擔保公司債信託，委託公司（公司債發行公司）並非為自己，而係為所有公司債債權人之利益而設立信託，故係他益信託，而無自益信託之可能❼。

第四節　附擔保公司債信託之特色

由於各國法制不一，附擔保公司債信託之結構有若干出入，茲再以日本附擔保公司債信託法及我公司法規定（惟我公司法有關信託規定甚為零亂隱晦，不如日本附擔保公司債信託法規定清晰詳盡）為例，說明此種信託之特色。欲在公司債上設定物上擔保，如前所述，應依照信託契約辦理（日本附擔保公司債信託法第 2 條，我公司法第 248 條第 1 項第 12 款、第 6 項），這本身就是一個特色。在附擔保公司債信託，依照此信託契約之物上擔保權，為信託契約所記載之所有公司債債權人之利益，歸屬於受託公司，受託公司為所有公司債債權人，負保全並實行擔保權之義務（日本附擔保公司債信託法第 70 條，我公司法第 256 條、第 255 條第 2 項），其結果發生許多與一般民法原理不同之特殊現象：

一、公司債債權人與擔保權人非同一人。

二、受託公司對委託公司及公司債債權人，負以善良管理人之注意，處理信託事務（同法第 68 條）。

三、同樣受託公司對於所有公司債債權人亦負保全並實行擔保權之義務（同法第 70 條第 2 項，我公司法第 256 條第 2 項）。

四、公司債到期未清償，或委託公司清償公司債未完畢而解散時，受託公司應立即實行擔保權（同法第 82 條，我公司法第 256 條第 2 項）。本來在清償期，債務人即使未清償被擔保之債務，實行擔保權與否，係擔保

❼　楊崇森，《信託與投資》，p. 108 以下。

權人之自由，但在附擔保公司債，擔保權為所有公司債債權人信託於受託公司，所以法律使擔保權人即受託公司負擔此種義務，受託公司違反此種義務，不實行擔保權時，公司債債權人會議得請求選任特別代理人實行之。

五、物上擔保權雖依信託契約由受託公司設定，但早在被擔保債權之公司債成立前即已發生效力（同法第 72 條，我公司法第 256 條第 1 項、第 248 條第 1 項第 15 款），此亦一大特色，為民法上擔保權附從性原則之例外（當然民法亦非不承認最高額抵押及身分保證之事例），此種擔保權之獨立性，乃為了使附擔保公司債便於發行之法律便宜措施。

六、由於附擔保公司債可分次發行，故發行在後的公司債債權人，不問發行公司債日期之先後，可享受同順序之擔保權，而與民法擔保權先後順序之理論大異其趣。

第五節　我國現行法規定

我國雖不似日本有附擔保公司債信託之單行法，但公司法第五章第七節公司債亦採附擔保公司債信託之制度，例如其第 248 條公司發行公司債時，向證券管理機關應申報之事項中，列有公司債權人之受託人名稱及其約定事項（第 1 項第 12 款）。又規定受託人以金融或信託事業為限，由公司於申請發行時約定之，並負擔其報酬（同條第 6 項）。董事會在向未交款之各應募人請求繳足其所認金額前，應將全體記名債券應募人之姓名、所認金額等開列清冊，連同相關文件送交公司債債權人之受託人。且受託人為應募人之利益，有查核及監督公司履行公司債發行事項之權（第 255 條）。

受託人得為債權人取得公司為發行公司債所設定之抵押權或質權，並得於公司債發行前先行設定。受託人對於此項抵押權或質權或其擔保品，應負責實行或保管（第 256 條）。又此受託人得召集同次公司債債權人會議（第 263 條）並執行債權人會議之決議（第 264 條）。可惜一般公司法參考書對附擔保公司債信託之本質與特色甚少加以剖析。

深度研究 美國法下附擔保公司債信託 (corporate trusts) 受託人之義務或責任

　　受託人應保持債券持有人最新之姓名與地址，將包含有關信託管理且與他們利益有關之資訊，諸如增發債券、解除 (release) 抵押財產、受託人對債務人所作之貸款或預借之年度報告送達予債券持有人。

　　一、在英美信託法下信託財產原有普通法與衡平法 (legal 與 equitable) 之二層面所有權，但在此種附擔保公司債信託 (corporate indenture trust)，受託人從未真正取得信託財產之法律上所有權 (legal title)。

　　二、證明 (authentication) 與交付債券。

　　三、在受託人遲延履行信託義務 (default) 前，除 indenture（信託契約）條款特別所課者外，受託人對發行公司任何義務之履行不負責任。

　　indenture 中往往課受託人特定義務，如規定債務人應隨時提供受託人一定文件，且要求這些文件載明一定事實與說明時，則受託人應證實文件內的確有此等資訊。受託人須證實收到債務人法律顧問意見書，關於信託之 indenture 已辦理註冊，且注意收到任何 indenture 要求之每年保險說明書（表明保險條款已被遵守），及收到公司應提供之財務報告。受託人須持有這些文件，且供詢問之債券持有人查閱 **❽**。

　　受託人在發行公司遲延 (default) 前所負之義務，一般限於信託契約 (trust indenture) 所載，但在遲延之後，則須為債券持有人之利益，維護作為債權擔保之抵押財產，在此階段並應實施善良管理人之注意義務。

　　受託人應立即將債務人遲延情事通知債券持有人，且於一定比例之債券持有人以書面請求時，應宣布債券本身立即到期。indenture 常有條文規定：受託人有權占有抵押財產，加以管理、收取收入。對債務人請求清償全部債務，連同所有已到期之利息，及實行抵押權與出售財產。

---

❽　McInnis, op. cit., p. 336.

第六章　金融資產證券化

一、金融資產證券化之意義

所謂「金融資產證券化」係指金融機構（包括銀行、信用卡發卡機構、票券金融公司、保險公司及證券商等，該法稱為創始機構）或一般企業，將其能產生現金收益之金融資產（包括汽車貸款債權、其他動產擔保貸款債權、房屋貸款債權、租賃租金債權、信用卡債權、應收帳款債權、企業放款債權及金融資產信託受益權等）信託予受託機構（信用評等達一定等級之信託業），或讓與予特殊目的公司，由受託機構或特殊目的公司，以該資產為基礎，發行受益證券或資產基礎證券，並搭配信用增強與信用評等機制，將此等資產組群包裝成為單位化，小額化之證券形式，向投資人銷售，藉以獲取資金之機制。即委託人透過證券化將金融資產之經濟利益與風險轉由受益人（投資人）享受與負擔。

二、金融資產證券化之效益

㈠對創始機構、委託人或發起人之效益

1. 可提高金融資產之流動性與運用效率
2. 可增加籌資管道
3. 可降低資金成本
4. 可解決放款額度限制問題
5. 可改善財務比例（自有資本比率、經營績效）
6. 可改善資產負債管理
7. 可分散金融資產風險
8. 可增強內部資產管理能力，提高公司知名度

㈡對投資人之效益

1. 可增加小額投資人參與投資之管道與機會

2.可提供良好投資收益及投資人保護

3.經由資本市場分散投資風險

4.投資可享有稅負優惠（6% 分離課稅）

(三)對整體金融市場之效益

1.可擴大資本市場規模

2.可提高資金流動及配置使用❶

三、證券化商品之風險

(一)受益證券市場流動性不足之風險

(二)信託財產原債務人提前還款之風險

(三)信託財產原債務人違約之風險

(四)信託財產過度集中之風險

(五)利率變動之風險

(六)再投資之風險❷

四、金融資產證券化條例下之信託

我國金融資產證券化條例已於 91 年 7 月完成立法程序，創設兩種資產證券化導管，其一為特殊目的信託❸，其二為特殊目的公司。由於本書係探討信託有關問題，故以下僅就特殊目的信託加以析述。

(一)信託之性質

1.此種信託性質上為營業信託與集團信託，即以創始機構為委託人，受託機構為受託人，一般投資人為受益人。

---

❶　參照陳靖宜，〈信託商品剖析〉（台灣信託協會「2007 信託法制發展趨勢研討會」論文）及其他論文。

❷　同❶，又可參照王文宇、黃金澤、邱榮輝合著《金融資產證券化之理論與實務》一書。

❸　目前金融資產證券化商品據說以不動產抵押貸款證券 (MBS) 及資產抵押擔保證券 (ABS) 為最大宗。國內第一件金融資產證券化基金係由實來投信募集的「實來全球金融資產證券化基金」，參照《工商時報》，94/11/11。

2.要素有三：

(1)以證券化為目的，將資產信託予受託機構

(2)將信託之受益權加以分割

(3)使多數人取得以有價證券方式表彰之受益權

此種信託不適用信託法第 6 條第 3 項、第 16 條、第 32 條、第 36 條第 1 項至第 3 項及第 52 條之規定（第 53 條）。

(二)信託之特色

1.經由信託隔離創設機構與受託機構之風險。

2.為期創始機構破產時，受讓人對受讓資產之權利不致受到創始機構之債權人或破產管理人之干擾，藉以隔離創始機構與受託機構之風險，該條例規定排除信託法第 6 條第 3 項之規定（第 53 條）。

3.為了避免創始機構控制信託機構，損害受益人之利益，規定：創始機構與受託機構不得為同一關係企業（第 9 條第 4 項）。

4.又因信託財產係配發利益予投資人之主要基礎，為免信託財產財務操作不當，損害投資人利益，規定受託機構除為配發利益或其他收益予證券投資人外，不得以信託財產借入款項（第 14 條）。

5.為避免債務人提前清償，造成資金閒置，准許受託機構於一定範圍內，得運用資金於銀行存款、購買政府債券或金融債券、購買國庫券或銀行可讓與定期存單及一定信用等級以上之商業票據等（第 14 條）。

(三)特殊目的信託之申請或申報

由於受託機構（受託人）發行受益證券予多數投資人，為保護不特定多數投資人，規定特殊目的信託契約之簽訂，應由一定信用等級以上之信託業，檢具申請書或申報書、資產信託證券化計畫、特殊目的信託契約書、信託財產之管理及處分方法說明書、有關之避險計畫等，向主管機關申請或申報，同時對於資產信託證券化計畫及特殊目的信託契約之內容亦設特別規定（第 4、9、10、13 條）。

(四)信託受益權證券化

即將信託受益權均等分割為不同種類及期間之受益證券，並以有價證

券之方式予以表彰，以便不特定多數人取得，促進其流通性。受益權之行使及轉讓應以受益證券為之（第 18 條）。

受益證券為記名式（背書轉讓）（第 19 條），原則上為證券交易法上之有價證券（第 7 條），其招募按是否對不特定人進行，分為公開招募與私募兩種。所謂特定人包括銀行業、保險業、證券業、信託業等專業投資機構，及經主管機關核定之法人基金及自然人。公開招募應向應募人或購買人提供公開說明書，而私募應向應募人或購買人提供投資說明書。兩種說明書之內容應充分揭露受益證券持有人之投資風險與信託契約重要內容（第 17 條）。

㈤受益證券之受讓人原則取得委託人之權利與義務

委託人之權利依信託法規定，原有同意權、撤銷權、異議權及監督權等，但在特殊目的信託，如身為委託人之創始機構，仍享有此等權利，不免影響受益證券之流通性，甚至受讓人之權益，故規定：特殊目的信託契約委託人之權利及義務，原則上由受益證券之受讓人依該受益證券所表彰受益權之本金持分數承受（第 21 條）。

㈥受益人之權利應透過受益人會議行使（受益人若干權利受到限制）

此外信託之各受益人，如可按信託法規定，個別行使同意權、撤銷權、異議權及監督權，則不但影響受託機構之運作，且損害其他受益人之權益，故該條例創設集體行使權利之機制。即創設受益人會議制度，受益人之權利應透過受益人會議決議行使，而規定：特殊目的信託受益人及委託人權利之行使，原則上應經受益人會議決議或由特殊目的信託監察人為之（第 23 條）。

惟因受益人會議乃事後救濟性質，又非常設機構，平常應有監督受託機構之機制，故該條例規定：受益人會議得經決議，選任信託監察人（第 23 條），又受託機構亦得依信託契約選任信託監察人（第 28 條）。

㈦相關資訊之報告

受託機構應分別於每營業年度終了，及資產信託證券化計畫執行完成後四個月內，就其信託財產作成資產負債表、損益表及信託財產管理、運

用報告書，向信託監察人報告，並通知各受益人（第 36 條）。

　　受託機構如將信託財產委任服務機構代為管理、處分者，該服務機構應定期收取信託財產之本金或其利益、孳息及其他收益，提供受託機構轉交受益人，並將信託財產相關債務人清償，待催收與呆帳情形及其他重大訊息提供受託機構（第 35 條）。持有本金持分總數百分之三以上之受益人，原則上得以書面附具理由，向受託機構請求閱覽、抄錄或影印其所編具之帳簿、文書及表冊（第 42 條）。

㈧**受託機構原則上得將信託財產之管理處分，委任服務機構代為處理（第 35 條）**

㈨**條例執行可能面臨之困難**

　　1.目前擔任創始機構之誘因不足

　　2.資產組群之資料不充分

　　3.缺乏證券化實務經驗

　　4.部分法律問題有待澄清

　　5.不良債權不易證券化

　　6.信用保證制度有限

　　7.證券化成本偏高❹

---

❹　參照邱奕德，〈金融資產證券化──銀行業者的商機與挑戰〉，《全國律師》，2002年 8 月號，p. 57 以下。

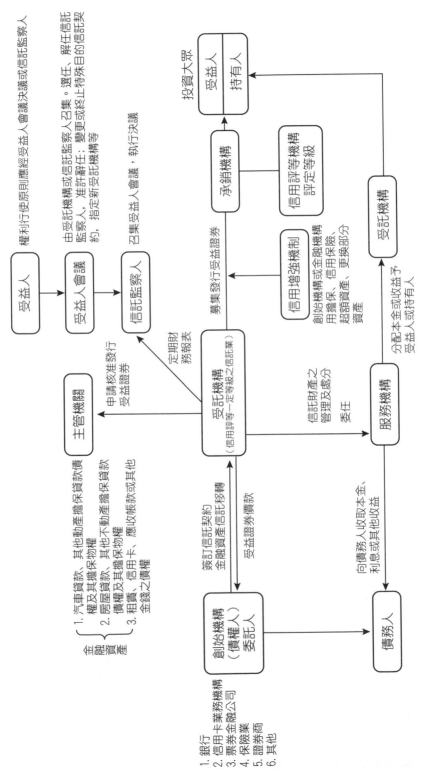

金融資產證券化（特殊目的信託）架構圖

金融資產
1. 汽車貸款、其他動產擔保貸款債權及其擔保物權
2. 房屋貸款、其他不動產擔保貸款債權及其擔保物權
3. 租賃、信用卡、應收帳款或其他金錢之債權

創始機構（債權人）委託人
1. 銀行
2. 信用卡業務機構
3. 票券金融公司
4. 保險業
5. 證券商
6. 其他

（參照邱奕德，〈金融資產證券化——銀行業者的商機與挑戰〉，載《全國律師》91年8月號，p. 55；王志誠，《金融資產證券化——立法原理與比較法制》一書，p. 40）

深度研究 金融資產證券化條例草案總說明

　　由於金融環境競爭加劇，金融機構持有之資產規模日趨擴大，其中不免含有流動性不足、清償期過長之部分，導致銀行經營風險升高，故先進國家利用金融資產證券化 (asset securitization) 之創新作法，由金融機構對其擁有可產生現金流量 (cash flow) 之資產進行組群、包裝及重組為單位化、小額化之證券，向投資人銷售，俾無待債權資產清償期屆至，可先行回收資金，降低持有資產之風險。透過金融資產證券化之妥善運用，可協助金融機構改善資產負債管理、分散降低資產風險、提高經營績效、增加籌措資金功能，故金融資產證券化亦為我國當前金融發展所需。

　　按外國有關金融資產證券化之立法例，在美國可以公司、信託、合夥或其他方式（如 limited liability company）作為導管 (vehicle)，透過不同方式之資產分割、標準化及移轉等程式來阻隔各種風險，讓出資人得以共用金融資產所生之利益。實務運作上包括許多任意規定、契約架構之形式，以及市場上資產揭露、專業人員行為準則等監督機制，並以法院提供事後救濟之管道。此外，為使證券化標的獨立於創始機構之信用風險及破產風險 (bankruptcy remote)，或避免資產移轉衍生詐欺行為，對於資產真正出售 (true sale) 之認定，亦依據破產法及會計準則之認定標準。其他尚有受託機構業務與運作面之限制及內部控管機制、募集與發行有價證券、信用評等及信用增強機制等配套措施。反之，日本金融資產流動化或證券化之立法，主要透過制定或修訂「抵押證券法」、「抵押證券業規制法」、「信託法」、「信託業法」、「特定債權事業規制法」、「特定目的公司法」、「資產流動化法」、「債權讓渡特例法」及「債權管理回收業特別措置法」等法律，建構其法制，基於上開法律可發行之流動化或證券化商品，大致有抵押證券、住宅抵押證書、住宅貸款信託受益權證書、資產擔保證券 (asset backed securities)、資產擔保商業本票 (asset backed commercial papers)、優先出資證券、特定公司債、特定商業本票、特定目的信託受益證券等。其中，尤以於平成 12 年（2000 年）由「特定目的公司法」修正而成之「資產流動化法」，最具參考價值。該法規

範之導管組織包括公司型態與信託型態二種基本架構。其中,信託型態之組織,乃以「信託法」與「信託業法」作為法制基礎,調整信託利害關係人之權利義務,利用信託原理將特定金融資產轉換為信託受益權,據以發行受益證券而成為資本市場之投資標的。反之公司型態則係另行創制特定目的公司制度,規定其設立、股東權利義務、公司機關、證券種類、解散及清算等。

　　惟我國為大陸法系國家,現行法制架構與商業機制較不同於美國,繼受上有許多困難,為符合我國國情,除參考美國實務運作及市場配套機制外,亦須借重日本之資產證券化法制經驗。惟金融資產證券化之推動,考諸先進國家經驗,除涉及證券化基本架構及導管機制之建立,需調整或補充現行之公司法、信託法及信託業法之相關規定外,尚牽涉證券交易法、相關稅法、民法、土地法、土地登記規則等相關法令之修正或調整。

　　職是之故,我國為有效構建金融資產證券化之法制,實可參酌美國及日本實務經驗、法制架構及市場配套,同時調整我國公司及信託組織,期以作為證券化之特殊導管;另一方面,並針對其他法律之相關規定,加以適當調整或修正。惟經審慎研議後,認為如欲達到公司導管化之目的,無論係架構於公司法體系內之方式或於公司法體系外另創社團法人之方式,均應如同日本之作法,而對其許可設立程式之簡化、公司機關組織之精簡、公司業務範圍及資金運用之限制、證券募集發行之規範、證券持有人權利義務之調整、監督機制之輔助等各方面詳加規定,以排除公司法大多數條文之適用。如此,除將導致特殊目的公司法制與一般公司法制契合性大為降低外,亦造成實際運作頗為複雜。反觀信託本是一種靈活極富彈性之制度,為使其成為證券化之導管,僅需再對信託受益權之有價證券化、委託人權利之移轉、受益人經由會議集體行使權利之機制、信託監察人功能之強化等項予以補充或調整,即可達到目的,所需排除之現行規定相對有限,似屬較為可行之方式。

　　基於上開說明,為避免本草案內容過於複雜,及影響公司法制之契合,爰選擇信託架構為對象,擬具「金融資產證券化條例」草案,共分總則、特殊目的信託、信用評等及信用增強、監督、罰則及附則等六章,計七十七條。(以下略)

第七章　不動產之信託

一、概　說

　　所謂不動產之信託，乃承辦信託時以不動產作為信託財產之謂，原來信託在英國雖以不動產信託而開始，但在大地主不存在之日本，不動產之信託為數較少。

　　實務上作為不動產信託之財產權之種類有土地、其定著物、地上權及土地之租賃權等。易言之，不但所有權，即地上權與土地之租賃權亦可信託，惟租賃權限於土地之租賃權，而建物之租賃權則不可信託。土地之定著物除建物外亦包含所謂立木❶等。單純土地，或單純其定著物之建物亦可信託。

二、信託不動產之限制

　　㈠依法令能信託之不動產之種類有時有限制，例如在「特別障礙者扶養信託」，能信託之不動產，限於立木及該立木生長之土地，受益人（特別障礙）居住用之不動產等（相續稅法施行令第4條之10）。

　　又如依法令有被限制信託之不動產，例如不能將農地信託予信託銀行（農地法第3條第1項、第2項2之4款）。又關於國、公有地，國有財產法與地方自治法對能信託財產之種類與手續設有特別規定。

　　㈡與信託不動產成為一體之財產：

　　附在被信託之不動產之從物與其關連之動產可與不動產一併予以信託。比較小之動產（如汽油加油站之計油器之類）與不動產同時被信託時，一般作為不動產信託來處理。反之不動產與具有獨立價值之動產（例如車庫與汽車）被信託時，並非不動產信託，而是作為所謂「包括信託」處理。

---

❶　立木乃日本特殊之法律制度，即凡在土地上種植之樹木集團，如具備公示方法，可作為獨立交易之標的，日本訂有有關立木之法律加以規範。

　　不動產上附有有對抗力之抵押權時，雖亦可信託，但實行抵押權時，不能以信託予以對抗，從而信託不能不告終了。

　　出租之大廈雖亦可信託，但不能將押金返還債務一併予以信託。通說以為承辦信託之際之信託財產限於「財產權」即積極財產，返還債務之類消極財產不能信託（日舊信託法第 1 條）。信託租賃中之大廈時，為了避免日後與承租人之間關於返還押金發生困擾計，可考慮受託人於設定信託之際，告知承租人不負押金返還債務，而取得其承諾，或另自委託人受領應返還之金錢，締結債務承擔契約，取得承租人之同意等方法。反之在信託之後，為達成不動產開發等之信託目的，可由受託人負擔銀行借款等債務，其典型例子為土地信託。

三、不動產信託之種類

　　依其目的可分為不動產管理信託、不動產處分信託及土地信託。

(一)不動產管理信託

　　乃以不動產之管理為目的，受託人並非單純保守管理，作為不動產之名義人與管理權人，而要負擔包括的任務。例如在事務所大廈之信託，受託人負擔募集承租人、交涉、收取租金、對第三人賠償工作物瑕疵之損害、選任業者、從事管理修補及收取計算等任務。不動產業者類似受託管理之制度，另有民法上之委任契約。不動產管理信託對信託銀行雖係安定且繼續性之業務，但有手續煩瑣，承租人不能預測、區隔地標的物管理不易等限制。信託報酬通常多為不動產收入之 5–10%，因標的之規模、管理之難易等，並不一律。日本在二次大戰後，因已無大地主，此種市場顯著變小，但由於再開發大廈等之增加，最近受託案件有再增加之傾向，但與不動產業者之管理業務有發生競爭（競合）之現象。

(二)不動產處分信託

　　乃以不動產之處分（出售）為目的之信託，在日本實務上幾乎不存在。因如以單純處分之目的，一般可以委任（代理）契約之方式行之，不必依賴信託。自機能上觀之，信託之受託人有決定處分價格、與承租人交涉、運用

處分價金等各種權限，較代理人之權能為廣。從而在不動產所有人欲將一切事務委託他人，以及在不動產數目多而分散之情形，以採信託較為便利。

㈢土地信託

乃比不動產管理信託或處分信託更進一步，由信託銀行作為受託人，為受益人在信託之土地上興建建物，加以開發利用。雖亦為不動產管理或處分信託之一種，但因受託人有積極興建建物加以運用等權能，成為不動產開發之有力方法，故另成一類，稱為土地信託。

四、不動產之設備信託

在不動產之信託中，為融資所用之設備信託乃不動產設備信託。設立設備信託之原因除了為了新取得不動產（購進或新建築）外，亦有為了籌措運轉資金，在已取得所有權之不動產上設立此種信託者。不動產設備信託之對象甚為廣泛，包括大樓、店舖、倉庫、公司職工宿舍、學校、飯店、公寓等之建物土地等。

關於不動產設備信託，其信託之方式亦有「租賃」與「即時出賣」二種，契約與受益權之出賣等基本結構與動產設備信託相同。但因不動產信託有若干需要留意之點，以下特就現今處理最多之建物信託之情形，加以說明。

㈠為了以不動產係信託財產對抗第三人起見，除所有權移轉登記外，尚須辦理信託登記。從而在租賃之情形，雖將所有權移轉登記予受託人及辦理信託登記，但在即時出賣之情形，通常立即移轉所有權予出賣之相對人，而省略了移轉受託人及信託之登記。

㈡在建物信託，建物之所有權雖依信託移轉予受託人，而其基地因尚未信託，故在租賃之情形，受託人就基地之利用權須先澄清權利關係。在即時出賣之情形，通常雖無此必要，但在設定抵押權作為擔保時，因基地之權利關係對擔保力有影響，故通例此時與一般貸款同樣，以土地與建物一併供擔保❷。

---

❷　三菱銀行，《信託の法務と實務》，p. 520 以下。

第八章　土地信託

第一節　日本之土地信託

一、土地信託之意義

　　所謂土地信託乃土地所有人為了有效利用土地，取得收益之目的，將其土地與其定著物信託予信託銀行，成為委託人兼受益人，信託銀行成為受託人，由信託銀行按信託目的與信託契約之規定辦理所需資金之籌措、整地、興建建物、募集承租人、將建物出租、維護管理或分售，並將其管理運用之成果，作為信託收益，分配予受益人。日本土地信託過去原處於休眠狀態，很少利用，自昭和 59 年起，大為活躍。其應用對象頗廣，包括工廠、倉庫、出租辦公用之大樓、店舖、加油站等。

　　在日本土地信託按其用途分類，大致可分為興建建物、實質上不將土地所有權釋出，而辦理租賃之租賃型，與因開發結果提升附加價值後，加以出售而取得收益為目的之處分型（分讓型）兩種，據云以租賃型占壓倒多數。

二、土地信託之構造

㈠租賃型土地信託之構造

　　1.受託人對擬議中之土地周邊地區，從事調查，同時調查相關都市計畫法、建築基準法上有何限制、出租事業之市場調查、土地如何做最有效之利用、順著委託人之意向，作成初步事業計畫之企劃案（含設計、收支）。在受託人與委託人對該企劃案合意時，與委託人以事業化之相互合作為目的，就土地信託締結所謂「基本協定」，惟亦有不締結所謂「基本協定」，而直接締結土地信託契約者。

　　2.土地所有人（委託人）與受託人就土地信託之內容與受託條件之細

節充分協商，最後成立合意時，締結信託契約，將土地所有權移轉予受託人，同時辦理所有權因信託之移轉登記與信託登記。

3.土地所有人因土地信託取得信託受益權，成為信託之受益人，此受益權可讓與或分割。又在信託期間中，受益人如發生繼承時，受益權由受益人之繼承人繼承。

4.受託人選定設計公司與建設公司，與其締結建築承攬契約，辦理建築申請，將建物發包，由承攬人興建建物，將建物與土地成為一體，構成一個信託財產，交付受託人，辦理建物之保存登記與信託登記。

5.受託人為了支付建物興建費用之需，由自己（其他信託帳戶）及自其他金融機構等籌措資金。此借款債務與建物同樣歸屬於信託財產。

6.受託人向建設公司支付建設費用。

7.受託人募集承租人，與承租人締結租賃契約，接受押金等，辦理建物之租賃。押金等基於信託契約用於支付建築費用、清償借款、運用於金錢信託等。

8.受託人辦理建物之維護管理。與管理公司締結管理契約，將建物之維護管理事務委託管理公司，惟此點應預先將其旨趣訂在信託契約。

9.受託人向承租人收取租金等，自建物租賃所得之租金、共益費中支付借款之本息、稅捐、火災保險費、管理費等支出，及受託人之信託報酬，其餘額作為信託之收益。

10.受託人於信託契約所定之日期決算後，將收益分配並交付予受益人。

11.信託因信託期間屆滿等原因終止時，受託人應辦理信託之最後計算，經受益人承認後，將土地建物等信託財產，按現狀移轉予受益人。又此時受託人與承租人所締結之租賃契約，並不因信託之終了，而當然消滅，在受益人與承租人之間仍行存續。當信託終了時，如仍有借款未還清時，其債務亦由受益人承繼。又受託人應將土地建物之信託登記塗銷，並將所有權移轉登記予受益人❶。

㈡分讓型土地信託之構造

❶ 經濟法令研究會編，《信託の實務》，p. 266 以下。

分讓型土地信託之構造，1.至 6.各點與上述租賃型相同，其不同處如次：

7.受託人作為出賣人，募集買受人，與其締結買賣契約，接受分售價金，交付土地與建物，並處理其他分讓事業所生之一切事務。

8.受託人自分售價金中支付建物之建築費用，借款及分售所需之販賣經費等各種支出，更以扣除信託報酬後之餘額，作為信託之收益分配，交付予受益人。信託於此時終了❷。

三、土地信託之優點

土地信託之優點甚多，可分述如次：

㈠由信託銀行經營，土地所有人可免管理之煩❸

自有效活用之企劃開始，舉凡籌措資金，建物發包，管理營運等一切事宜，都由受託人（信託銀行）辦理，委託人即土地所有人即使欠缺專門知識與技術，亦可活用受託人之經驗、資訊、財產管理能力及其人員（不動產開發專家）之知識與技術，以因應市場之變化，可從繁瑣的管理事務中解放，不需投入勞力精神與時間，亦不需專業知識，對租賃事業可優為之。

㈡易於籌措資金

委託人自己融資有其困難，反之，在土地信託，由信託銀行辦理資金籌措，土地所有人之信用等問題不予斟酌，此時融資之判斷著重在工作計畫 (project) 所有之獲利性，且可活用受託人之信用，因可期待事業之安定，故易於籌措資金，甚至由於信託銀行對金融機關與建設公司之信用，可降低交易費用。

㈢投資易於變現

土地所有人在信託期間中需要資金時，可將受益權之全部或一部讓與，

---

❷　同❶，p. 269。

❸　不動產經營在性質上由於租賃市場之變動等，會有許多難以預料之因素，且風險不少。又因係「量身訂製」之商品，故事先之調查檢討花費許多時間，且需擁有許多專門人員。惟土地信託，受託人負擔重，而信託報酬比起仲介手續費為少，收益性不高（參照鴻常夫，《商事信託法制》，p. 338 以下）。

或以信託受益權為擔保，借入資金，可使受益權資金化，而確保資產之流動性。

㈣促進事業營運之安定

土地所有人直接辦理經營計畫如發生繼承、破產等情事時，該計畫有終止或中斷之虞（此與資金籌措之困難有關）。反之，如採土地信託，由於信託財產受到信託法之保護，繼承人只繼承受益權，所有權仍在受託人手中，土地所有人之繼承、破產，不影響事業之營運，可繼續進行，而保持事業營運之安定。

㈤所有權之信託移轉，土地並不易手

由於設定信託，土地所有權移轉於受託人，在信託終了時，土地與建物皆返還予受益人，原土地所有人仍保留實質的所有權，能為有效之利用。

㈥受益人保護制度之法定

在此種信託，受託人被法律課以善良管理人之注意義務、忠實義務及分別管理等嚴格義務，受益人之權利，受到法律優厚之保護，可確保經營計畫之健全。由於受益人保護規定係出於法律之規定，故信託比其他法律機制對受益人較為有利❹。

---

❹ 與其他土地不動產開發方法之比較：

土地信託為土地所有人保有所有權而開發不動產之方法。按增加土地利用供給方法，除了土地信託外，尚有委任、代理、等價交換及出租基地等方式。但以上各制度對土地所有人言，不如土地信託優越，具有高度促進土地利用供給之效果。因在委任與代理，土地所有人不能利用受託人之信用力，而在等價交換方式，土地所有人須將所有權一部釋出，不能直接享受不動產開發之利益。至於出租基地，因承租人在日本「借地法」下享有強大權限，且定期租地權期間法定，欠缺彈性（參照鴻常夫，前揭，p. 338）。

土地信託與其他信託制度比較之特色如下：

1.乃事業執行型之信託。

2.與信託銀行所處理定型化大量販賣之其他產品不同，乃富於個別性「量身訂製」之商品。

3.無原本保證，而採實績分配主義。

(七)**對於有複數土地所有權人之集團土地利用（共同開發事業）尤為有利**

　　土地所有之細分化，乃使都市問題與土地問題嚴重之原因。土地信託由於各地主之土地成為受託人一人之名義，對外成為一個土地，權利關係簡潔，可克服由於複數土地所有權人之集團的土地利用開發所帶來實務上與法律上之障礙，可作為都市更新之利器。因土地信託具有下列優點：

　　1.受託人可立於公平、中立之立場，不偏於任何土地所有人，而可發揮調整各土地所有人間權利之機能，使事業營運順暢。

　　2.受託人（信託銀行）作為事業全體之統轄人，能統一地執行計畫。

　　3.土地部分所有人之繼承、破產等，並不影響計畫之全體，可謀事業經營之安定。

(八)**有助於減少土地投機與地價飛飆**

　　由於土地所有人以收益分配之形式，在將來收取事業經營之利益，故高地價並不顯著，不致引起近鄰地價高漲之虞，對一般社會亦屬有利。

(九)**國有公有之土地亦可利用土地信託**

　　事實上日本於昭和 61 年修正國有財產法與地方自治法，目的在打開國有公有土地利用土地信託之門，將民間活力引進到公共事業。因此際利用土地信託又有下列優點：

　　1.國家與地方自治團體為實現事業，不需講求財政上措施。因興建建物設施等所需資金之籌措，皆由信託銀行以信託帳戶行之，通常可自信託事業之收益中償還，無另闢財源之煩。

　　2.國家與地方自治團體因無必要自己營運事業，不另支出人事費用及經費負擔。

　　3.由於以土地信託一體開發公共設施與民間設施，提高便利性、效率性，可促進市街土地之整備。

　　4.不另生財政負擔，可活用民間活力，謀求內需振興與公共事業之推進。

　　5.受託人負有信託法上各種義務，可確保事業之公共性、中立性與安全性❺。

四、我國之土地信託

在國內目前土地信託之資訊有限，惟以與日本略有不同，係由建設公司將土地及興建所需的資金信託予信託業者，由信託業者向銀行辦理融資並依建造執照（起造人乃信託業者）發包施工，施工中按期收取預售屋承購戶繳納之期款，並於完工後將房地過戶予承購戶。由於信託資金、承購戶繳納之購屋款與銀行之融資均存入信託專戶內，由信託業者管理，且須經委託人（即建設公司）書面指示交由信託業者核可後，始可支付工程營建、廣告、各項雜支等相關費用，因此承購戶不必擔心所繳期款被建設公司挪作其他用途，可使房屋預售順利進行。

第二節　美國之土地信託

一、概　述

美國之土地信託 (land trust) 頗具特色，這種信託是一種安排，將不動產（包括其改良物）依一契約移轉予受託人，但法律關係獨特，具有一個個人信託 (personal trust) 之許多特質與利益，卻故意欠缺若干受託人之義務與所有權之特質。土地信託是用來保有土地之所有權，最常用於商業目的，而非資產規劃，且常用來作為公司或合夥之代用品。美國土地信託最早在伊利諾州興起，且最廣泛使用。目前存在於八個州，即伊利諾、亞利桑那、佛羅里達、夏威夷、印第安那、北達科達、德州及維吉尼亞。別州所以不承認土地信託，只因尚未制定相關法律之故❻。

土地信託因作成兩種文件而成立。其一為所有人（委託人）將不動產移轉予受託人之信託文件。其二為委託人與受益人同時簽署一信託契約，賦予受益人改變財產之所有權，加以管理、控制及如財產出售、抵押或出租時，賦予其價金或租金等收益 (proceeds) 之權限。受託人營運該財產並發

---

❺　三菱銀行，《信託の法務と實務》，p. 504 以下。

❻　Gregor, Trust Basics, p. 191.

給受益人「受益證書」(certificate of interest)❼。

　　雖然受託人擁有信託財產之所有權，但依信託契約，信託之受益人仍管理與控制 (exercise management and control) 信託財產，而受託人之任務只是消極的遵從其指示，此點與個人信託由受託人管理與控制信託，而受益人只有消極角色，大異其趣，也是土地信託之特色。換言之，受益人除了欠缺法律上之所有權外，仍實施所有人各種之權利。受託人雖擁有信託財產之法律上與衡平法上之所有權，但受益人對信託財產有權占有、營運、維持、控制❽、負責修繕、維護、保險、融資（如適用的話）及出租❾。他亦可出售財產、增加其他財產或終止信託。受託人只有按受益人之指示去管理財產之義務與權限。換言之，他只有三種簡單義務：保有財產之所有權，於信託終了時，將財產移轉予受益人或將其出售，及依照受益人之指示處理財產，簽署地產文件 (deed)、抵押權及其他重要文件，並處理該財產❿。

　　且受託人不需過問受益人或其授權之人任何指示之妥當性。雖然受託人履行義務時，宛如受益人之代理人，但在信託法，產生信賴 (fiduciary) 關係而非代理關係。由於土地信託之受託人對信託財產無權管理或控制，此等權限係屬於受益人，故法律限制受託人之個人責任。

　　土地信託可在不動產購買時或其後任何期間設立，手續快速、簡易。信託財產可含一個或無數分開不同之不動產，但只能以受託人所在之那一州之財產為限。受託人可由受益人更換，他亦可辭任。依照法律，土地信託存續期間為二十年，但信託可由於雙方修改契約加以延長（但不能違反禁止永久歸屬之原則）。

---

❼　Leimberg, et al., The New New Book of Trusts, p. 390.

❽　Gregor, op. cit., p. 192.

❾　Id. at p. 194

❿　Ibid.

二、土地信託之優點

土地信託有許多實際效益，包括:

㈠保持受益人之隱私

真正之所有人即受益人是誰不公開，因唯一留在交易紀錄上之文件乃信託證書 (deed)，它只記載信託契約之號碼，且受益人可用代理人管理財產，進而隱匿其利益 ❶ 。

㈡便於移轉

通常土地買賣時，辦理所有權移轉 (conveyance) 或檢驗 (examine) 權利有無瑕疵，需作成複雜之文件，且手續冗長，但在土地信託，受益權變成動產，可經由一份簡單之讓與 (assignment) 文件而移轉，手續簡便。

㈢財產可集中管理，便於多人共有土地

在不動產由多人共有時，各人不同之需求與目的，對財產之管理造成極大困擾，但如成立土地信託，則可選任一名自然人（被授權人）或一名受益人，對受託人提供指示，可大大減少管理與行政工作。且因紀錄上之所有權不受個別共有人死亡、判決或其他事故之影響，可保護多數所有人，且有利於土地之開發 ❷ 。

㈣受託人能移轉完全之所有權

因受益人之利益不受不動產之夫妻財產權利 (matrimonial right)、判決留置權 (judgement lien) 或類似之限制。且配偶不需共同簽署土地信託之文件，在法律上對交付信託之財產並無權利可以主張。

㈤免於負擔個人責任

土地信託抵押貸款時，大多由受託人簽訂抵押權設定證書，加入適當的免責條款後，受益人即可免除其個人責任，避免無法清償債務放棄擔保物所有權 (foreclosure) 時，受到無清償能力命令應負之責任 (deficiency decree liability) 之影響 ❸ 。

---

❶ Bogert, Oaks, et al., Cases and Text on the Law of Trusts (7 ed.), p. 124.

❷ Gregor, op. cit., pp. 196, 199.

㈥簡化不動產抵押或個別受益人將其個人財產利益作為融資之擔保

由於受益權在法律上乃動產性質，可作為貸款之擔保品，並可用信託證書 (trust certificate) 向公眾籌措資金，從事不動產投資❶。

三、土地信託之批評

美國土地信託雖然有上述優點，但也受人批評：

㈠受託人可能無須對稅捐、侵權行為或信託財產之運作與維持所生之違法行為負責。

㈡受益人利益被分類為動產，可能剝奪第三人對財產之合法請求權。

㈢當受益人將其擔保利益移轉他人時，動產之分類可使放款人在不動產上取得擔保利益，而不予受益人抵押法上正常之利益。同理，如受益人以其利益作為動產，誘導放款人貸款，然後援用有關抵押法律上之保障時，可能使債權人欠缺保障。

由於上述理由，動產之擬制在債務人救濟與稅法上已漸失勢，現美國聯邦稅務當局會要求土地信託受託人透露受益人之姓名❶。

---

❶　參照朱柏松等著，《公有土地信託之研究》，p. 116。

❶　同❶。

❶　Id. at p. 125.

第九章　不動產證券化

第一節　不動產證券化之意義與我國法之規定

一、意　義

所謂「不動產證券化」，乃將對不動產之投資轉變為證券型態，亦即投資人與標的物之間，由傳統直接的物權，轉變為債權有價證券之持有，使不動產的價值由固定的資本，轉化為流動性證券，以結合不動產市場與資本市場，亦即以證券形式將資本市場所募集之基金，以直接或間接方式參與不動產投資。

通常所謂不動產證券化似係指不動產資產信託，即將一個或數個龐大之不動產，細分為許多小單位，並以發行有價證券之方式，向廣大投資人募集資金，再透過不動產專業開發或管理機構，予以管理或處分，以提高不動產之價值與收益，使原來欠缺流動性、變現性、價值龐大、一般人無法問津之不動產，轉化為無數有價證券，使廣大投資人不必直接持有不動產所有權，而能享有投資不動產之目的。但我不動產證券化條例除規定上述不動產資產信託 (REAT) 外，另有不動產投資信託 (REIT)❶。

不動產投資信託係不動產證券化的主要方式與型態。由於不動產投資需要專業知識，加以不動產具有不可移動、不易分割及昂貴之特性，容易造成投資風險的集中，形成投資之瓶頸，為提高市場的流動性，擴大投資參與，遂有不動產證券化之產生。

按民國 87 年政府制定「都市更新條例」，希望引進土地信託、權利轉換、強制參與更新制度、容積移轉、提供稅捐減免，初次引進不動產證券化。過去不動產業者如欲進行不動產證券化，多引用都市更新條例第 50 至

❶　國內實施不動產證券化 (REIT) 以富邦一號為最早，其後又有國泰一號、新光一號等，多文件相繼推出，頗受廣大投資人歡迎。

52 條規定，發行都市更新投資信託受益憑證。但因國內住宅與土地相關法令缺少配套措施，且都市更新投資公司限制過嚴，致無人聲請成立「都市更新投資信託公司」。行政院為促進都市土地再開發利用，復甦都市機能，改善都市居住環境，參考外國不動產證券化相關法規，於民國 92 年 7 月公布實施「不動產證券化條例」（98 年修正）。

二、不動產證券化之優點

㈠對投資人言

1.可以小額資金參與過去無力參與之大面積且金額龐大之不動產投資。

2.與直接投資不動產相較，具有較佳變現性與流通性。

3.可運用受託機構之專業能力，選擇適當不動產標的，管理、運用、處分，以增加收益。

4.投資享有稅負優惠（6% 分離課稅）。

5.變賣地產增值之報酬。

6.可對抗通貨膨脹。

㈡對不動產所有人言

1.由於自社會大眾募集資金，可解決開發不動產所需龐大資金問題。

2.可先回收資金，作更有效之運用。

㈢對社會整體言

1.可透過金融面解決不動產流動性問題。

2.可促進金融商品之多元化。

3.可擴大資本市場之規模。

4.可達到結合不動產市場與資本市場，及「資金大眾化、產權證券化、經營專業化」之目標。

三、投資不動產投資信託之風險

　　㈠股票價格之風險

　　㈡交易流通性之風險

㈢租金收入之風險

㈣不動產景氣之風險

㈤不動產管理機構管理之風險❷

四、不動產證券化之方式

㈠不動產投資信託

乃向不特定人募集發行或向特定人私募交付（不動產投資信託）受益
證券，獲取資金，以投資不動產及相關權利與有價證券而成立之信託。

㈡不動產資產信託

委託人移轉其不動產或相關權利予受託機構管理處分，由受託機構向
不特定人募集發行或向特定人私募交付不動產資產信託受益證券，以表彰
受益人對該信託財產之受益權而成立之信託。

五、不動產證券化之關係人

㈠委託人：在不動產資產信託為不動產所有人，惟不動產投資信託因
該條例漏未規定，似以投資大眾為委託人。

㈡受託人即受託機構，以信託業為限。

㈢信託涉及之機構：

1. 不動產管理機構（建築開發業、營造業、建築經理業、不動產租賃
業等受託機構可委任此等機構代為管理處分（第 33 條））

2. 專業估價者

3. 增強信用之金融機構或法人

4. 信用評等機構

㈣主管機關──行政院金管會。

---

❷　參照洪錦龍，〈不動產投資信託 (REITS) 於我國之發展與前瞻〉（中華民國信託協
會「2005 信託法制發展趨勢研討會」論文，94/12/17）。

六、特　色

㈠兩種信託皆發行或交付受益證券（記名式）以表彰投資大眾之信託受益權，受益權之行使及轉讓應以此證券為之（第 38 條）。為證券交易法上之有價證券。

㈡信用之增強：

受託機構之受益證券得由國內外金融機構或法人以保證、承諾更換部分資產等方式增強其信用（第 43 條）。

㈢受益人權利之行使原則應經受益人會議決議或由信託監察人為之（第 47 條）。受託機構得選任信託監察人（有資格限制）以保護受益人之利益（第 48 條）。

㈣受託機構之受益證券如經信用評等機構評定其等級或增強其信用者，應於公開說明書、投資說明書等說明其內容（第 44 條）。

㈤有不少準用金融資產證券化條例之規定。

七、不動產投資信託

㈠受託機構募集或私募受益證券應檢具不動產信託計畫、不動產投資信託契約、公開說明書或投資說明書、信託財產之管理及處分方法說明書向主管機關申請核准或申報生效。

㈡不動產投資信託契約應作成書面，記載法定事項（包括存續期間、受益權單位總數、被委任不動產管理機構名稱、運用基金之基本方針、範圍及投資策略、受託機構之義務責任、基金投資收益如何分配）（第 10 條）。

㈢受託機構應向應募人或購買人提供公開說明書或投資說明書（第 15 條）。

㈣不動產投資信託基金原則上為封閉型基金（第 16 條）。

㈤不動產投資信託基金之投資或運用限於開發型或已有穩定收入之不動產、地上權等相關權利及有關證券等（第 17 條）。投資運用基金，應依風險分散原則而有種種限制（第 25 條）。

㈥基金應有獨立之會計，受託機構不得將其與自有財產或其他信託財

產相互流用（第 27 條）。

㈦閒置資金之運用限於銀行存款、公債或金融債券、國庫券或銀行可轉讓定期存單等（第 18 條）。

㈧運用基金應依據投資分析報告（第 23 條）。

㈨受託機構運用基金進行一定不動產或相關權利交易前，應取得專業估價者出具估價報告書（第 22 條）。

八、不動產資產信託

㈠受託機構募集或私募受益證券應檢具信託計畫、信託契約、公開說明書或投資說明書、信託財產管理及處分方法說明書、估價報告書（不動產估價師等專業估價者）（第 29、34 條）。

㈡委託人為受託機構之利害關係人時，受託機構原則上不得發行受益證券（第 35 條）。

㈢信託契約應記載法定事項，含信託之目的、存續期間、信託財產之種類、內容、估價之價額、委託人之義務、信託財產管理及處分方法、收益分配方法、受任之不動產管理機構之名稱與義務（第 33 條）。

不動產投資信託與不動產資產信託之比較

不動產投資信託 (REIT)	不動產資產信託 (REAT)
「先有錢，再投資不動產」 ・受託人由公募或私募籌得資金後（交付受益證券），投資於不動產或其相關權利、相關有價證券。	「先有不動產，才有錢」 ・不動產所有人移轉不動產予受託人（機構），由受託人（機構）或承銷商公募或私募資金，交付投資人受益證券後，將投資收益交付。
・受益憑證型式：以封閉型基金方式發行（類似股權性質），募集完成後在公開市場交易。	・受益憑證之型式：以債權方式，由發行機構支付本金與利息。
・單位金額低，一般個人投資人可由此參與不動產市場交易。	・為固定收益之投資工具，單位金額較大，投資人以法人居多。

不動產投資方式之比較

方式	投資 REITs	購置不動產	投資不動產類股
主要收益來源	1.租金收入 2.買賣 REITs 交易利得	1.租金收入 2.買賣交易差價	1.土地開發收入 2.租金收入 3.買賣交易利得
投資風險	1.租金變動影響投資收益 2.不動產重估影響標的價值	1.不動產市場流通性不足 2.不動產本身下跌	1.公司營運風險 2.股價波動大
報酬率	穩定	因坐落區域與用途而異	易受股票市場及不動產景氣影響，波動幅度大
流通性	佳	差	佳
交易手續費	0.1425%	1.仲介費 2.代書費	0.1425%
相關稅負	證交稅及資本利得免徵 6% 分離課稅	土增稅、地價稅、房屋稅、租金收入繳納所得稅、交易利得繳納財產交易所得稅	1.證交稅 0.3% 2.股息繳納所得稅

九、土地信託與不動產投資信託之差異

	土地信託	不動產投資信託
性質	實物信託	金錢信託
信託財產	土地所有權	現金
委託人	特定土地所有人	不特定投資大眾
受託人	信託公司或信託銀行	信用評等一定等級以上之信託業
受益人	土地所有人或其繼承人、指定人	受益證券之持有人
信託目的	土地之開發經營	不動產證券（中長期）投資組合

十、土地信託與不動產資產信託之差異

	土地信託	不動產資產信託
性質	實物信託	實物信託
信託財產	土地所有權	土地所有權或不動產相關權利
委託人	特定土地所有權人	特定土地所有權人
受託人	信託公司（或公司）	信用評等一定等級以上之信託業
受益人	土地所有權人或其繼承人、指定人	受益證券之持有人
信託目的	信託土地開發經營	由發行或募集受益證券，以開發經營受託之不動產

（以上可參照張淑華，〈淺論不動產投資之新模式〉，《全國律師》，2002 年 7 月號，pp. 58–59）

不動產證券化❸之機制圖

㈠不動產投資信託——自投資大眾募集「投資基金」投資不動產開發

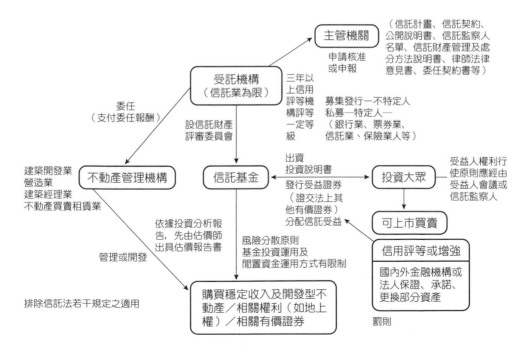

---

❸　僅可利用信託，不包括特殊目的公司，故與金融資產證券化條例異。

不動產證券化之機制圖
㈡不動產資產信託——以「特定不動產」向投資大眾募集資金進行開發

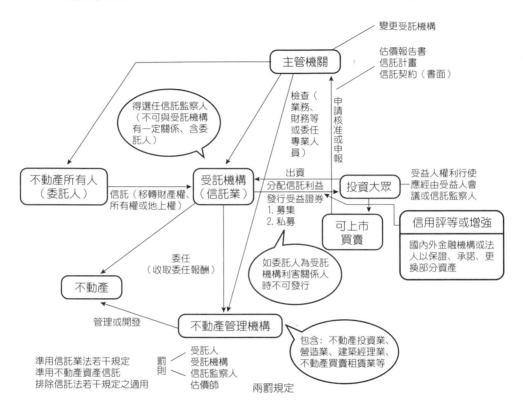

第二節　美國不動產投資信託

一、性　質

　　美國不動產投資信託（Real Estate Investment Trust，簡稱 REIT，以下原則上以簡稱稱之），乃主要以不動產相關權利進行投資之共同基金，類似於我國的證券投資信託或美國之共同基金 (mutual fund)，其主要差異似在於投資標的之不同，亦即係將所募集之資金投資於不動產。

　　不動產投資信託，亦即以公司或信託之組織經營，基於風險分散之原

則，由具有專門知識經驗之人，將不特定多數人之資金，運用於不動產買賣管理或抵押權貸款投資，並將所獲得不動產管理之收益，分配予股東或投資人之中長期投資商品。當資金募集完成後，即讓股票或受益憑證在交易市場上市，讓多數投資人共同參與不動產之投資，由於其在法律上屬於較不具彈性的公同共有制，故其組織方式、投資內容、收益來源及收益分配均受到較嚴格的限制。

美國國會於 1960 年成立 REIT，提供人們投資大規模商用不動產之機會，此後 REIT 產業快速成長，尤其過去十餘年❹。幾乎所有美國主要城市與若干國際都市將 REIT 操作在商用不動產。由於 REIT 幾乎須將所有應稅收益付給股東，投資人可獲得可靠與良好之盈餘，成為彼邦一種主流投資方式。今日美國約有一百五十個公開上市之 REIT，此等公司之股票在主要證券市場買賣，其他 REIT 可能為公開註冊但不上市之公司。

二、設立之方式

REIT 與任何其他信託以同樣形式成立，即起草信託契約或信託宣言，

---

❹　不動產投資信託 (Real estate investment trust, 簡稱 REIT) 與抵押投資信託 (mortgage investment trust, 簡稱 MIT) 乃美國賦稅立法之產物。此等信託之目的乃在准許小額投資人能對不動產之不同組合 (diversified portfolio) 投資。投資人不成為有限責任合夥人或股東，而擁有一個信託之受益權。此種形態之不動產企業聯合組織或辛迪加 (syndication) 乃十九世紀以前源自麻薩諸塞州，由於稅捐對此種投資之優惠致此種投資信託仍行存在。按麻州商業信託 (Massachusetts business trust) 源自麻州法律禁止公司為了營運，擁有任何不動產，而麻州信託允許受託人擁有財產之所有權，然後將信託之利益發給投資人。此種辛迪加由於信託利益之大量公開銷售，變成非常流行，但後來由於法院判決將它們當作公司課稅而不流行。不過在 1960 年美國國會修改稅法，准許不動產信託享有若干稅捐優惠後，REIT 更加流行起來。今日投資在公開交易之 REIT，已增至 300 billion 美元。又按所謂企業聯合組織（辛迪加）係指由相互間有利害關係的個體成員組成的聯合組織，經營或從事特定商業交易，除財經性質外，亦可為臨時性之目的。辛迪加可登記成為法人，亦可採用合夥形式，包括有限合夥與普通合夥。投資銀行家為避免單一投資之巨大風險，往往聯合起來包銷某一證券或承購未被認購的大量證券。

將信託財產移轉予受託人，由受託人享有所有權，並負責經理財產或不動產投資組合。

每個投資人取得一份信託證書 (trust certificate)，作為信託受益權之證明。投資人為信託之受益人，不參與財產或組合之經理，而由受託人處理不動產投資事務。

信託之組合可有很大之差別，抵押信託乃投資在抵押權或不動產其他種類之擔保 (liens) 上之信託，許多商業銀行與保險公司創設抵押信託，在抵押信託收益之主要來源乃在持有之抵押權上所賺之利息。有些信託係混合信託 (mixed trusts)，他們擁有不動產與抵押權，享有租金與利息兩種收益，近年來信託已被用為對個別工作計畫 (projects) 之融資方法，諸如當某公司創設為了擴充營運之特別信託 (specialty trust)，例如某全國性餐廳連鎖店可創設為了興建新餐廳之信託。

三、特　色

不動產投資信託具有以下特色：

㈠將不特定之多數投資人之資金匯集成一共同基金，使手頭資金少之投資人亦能有機會參與需巨額資金之不動產投資。

㈡運用該基金投資於不動產之買賣或貸款（不動產投資原欠流動性，其買賣所需費用大，不動產之一部買賣有困難）。

㈢以不動產之管理收益為目的，為消極之收益 (passive income)，而不積極從事短期不動產之買賣（禁止經營不動產）。此種信託通過市場流通，成為與股票、債券同樣具有流動性，且適合中長期投資之金融商品。

㈣應用風險分散之原則，從事不動產之組合投資。且由於將不動產投資之對象分散化 (diversification)（例如按地區、不動產之型態，如購物中心、商業大樓、公寓、廠房、休憩中心），減少投資人之風險。

㈤結合資本市場大眾之資金，由對不動產市場有專門知識及經驗之機構（公司或信託），加以管理運用（管理費占總經費比例較小，故投資人負擔較輕），將權益分配予投資人（股東或受益人）。

㈥此種信託之設立人為銀行、保險公司、開發商 (developer) 等。

四、不動產投資信託之營運（受益人之權利與責任）

受益人對信託之債務不負個人責任，其責任係以所信託之財產為限。在大多數信託，受益人對信託營運享有一個投票權，即選舉受託人。

受託人對受益人與信託負有信任義務 (fiduciary duty)，須為了信託與受益人之最佳利益而行動。如未經授權或受益人同意，而與信託交易時，可構成此種信任義務之違反。

五、不動產投資信託在稅捐上之優惠

一個信託如滿足不動產投資信託之條件，則信託與受益人可享有若干稅捐上優惠，對該信託只就未分配之收益與利潤課稅。如收益或利潤已分配予受益人，則對信託不課稅。如此可避免公司之雙重課稅。

為了符合此等稅捐優惠，不動產投資信託須在組織、營運、分配等方面符合繁複之標準，其要點如次：

㈠須由董事或受託人管理，其股份須可轉讓。

㈡每年毛收益中至少須有 75% 來自不動產消極 (passive) 投資，諸如租金、不動產抵押權所擔保之借款利息或股利。

㈢每季資產至少有 75% 由不動產資產，諸如不動產或不動產擔保之貸款所組成。

㈣信託利益在課稅年度中，至少須由一百名以上之人所享有，且規定五人以下自然人不能擁有股份價值 5% 以上，目的在求股權之分散與大眾化。

㈤在分配方面，信託通常收益中至少須分配 90%❺。

如滿足此等條件，則信託符合內地稅法 REIT 之待遇。如在某特定納稅年度有任何條件不符合，則信託被當作公司課稅❻。

---

❺　www.sec.gov/index.htm

❻　Jennings, Real Estate Law, pp. 878–880.

六、不動產投資信託之種類

不動產投資信託 (REIT) 按投資標的為標準，可分為下列各種：

㈠權益型（直接所有型，Equity REIT）

所謂權益型 (Equity REIT) 為直接投資於不動產所有權，取得並營運會產生收益（尤其有增益性）之不動產，如超市、集合公寓、辦公大樓等，投資人不僅自租金收益，也有潛在增值的財產收益。由於權益型 (Equity REIT) 係直接購置不動產所有權，因此亦稱為直接所有型。

惟此種型態由於長期持有不動產，而不動產並無交易價值，投資人不易估算其價值，往往須仰賴估價人員之估價，無法完全精確❼。

㈡抵押權型（間接所有型，Mortgage REIT）

---

❼　直接所有型之評價：

不動產個別之特性高、流動性低，固有賴不動產鑑定專家客觀之評價。通常專家用下列方法評價：

一、參考與該不動產類似類型之不動產買賣資料。

二、預測將來產生該不動產之現金流量 (cash flow) 與現在價值之差。

三、算出現在如改建該不動產需要多少資金。

決定不動產價值之要素，尚包含在保有期間中不動產上漲之期待值。當然亦須斟酌政治、經濟發展要素，有發展性之地域價值設定較高。惟無論採用何種方法，不動產評價易流於主觀，即使專家對同一物件所評估之價值往往差 10%。

又直接所有型之評價決定要素有：

一、地理之分散程度。

二、空屋率（受場所、設備老朽化程度、當地供需關係等左右）。

三、收入變動要素。

　　在以購物中心與醫院為投資對象之 REIT，通常其租金收入包含固定基本租金與變動租金（銷售收入之一定比例）。故如商業銷售額大，則收入多。在購物中心，影響銷售額之主要因素為地區之景氣及其與小賣店之競爭關係如何，在醫院則起初收入可能有一段期間偏低。

四、資本構成要素。

五、管理之能力技巧、管理團隊過去經驗、以前參與不動產相關商業之手腕等。

參照金子榮作等，《不動產の證券化》，p. 101 以下。

　　所謂抵押權型 (Mortgage REIT) 主要係購買土地之融資，或投資於開發、建設融資等之抵押貸款。換言之，直接貸款予不動產所有人與經營者，或間接取得貸款或有抵押權之證券，特別是土地買受或開發建造之抵押貸款，主要收入係來自利息。由於抵押權型 (Mortgage REIT) 係對不動產有關之開發建造予以融資、取得抵押權，故亦稱為間接所有型。

　　過去此種 REIT 類型僅從事單純融資，但近來單純融資的比例已經減少，而對於附轉換權貸款 (convertible loan) 等參與投資的抵押貸款 (participation loan) 則有增加投資之傾向。因為在開發、建造階段之投資風險較高，通常訂有較高收益率，而利息收入隨市場利率之變動而不確定，因此抵押權型 (Mortgage REIT) 收益較有波動。

　　在抵押權型 (Mortgage REIT) 中，若依投資型態為標準，又可分為「直接抵押權型 REIT」(Straight Mortgage REIT) 與「參與抵押權型 REIT」(Participating Mortgage REIT)。所謂直接抵押權型，係指投資於貸款取得第一或第二或多重順位之抵押權，其貸款之標的可能為各種型態之不動產，而抵押權之利潤，視市場利率的高低而定。所謂參與抵押權型，係指貸與人除利息外，尚可分得部分借款人經營之利潤。例如：超級市場以每月的還款及銷售收入來清償抵押權人之融資貸款，除每月有本息收入外，又可分派銷售利潤❽。

㈢混合型 (Hybrid REIT)

---

❽　間接所有型之風險分析：
　　一、信用風險：融資對象（不動產所有人）有不履行之風險。利息高則借方流動性差，不履行之比率高。尤以在 REIT 之基金直接對不動產所有人融資時 (direct lending)，信用風險更為重要。
　　二、利息變動風險：由於此 REIT 以長期固定利息之抵押權為投資對象，故利息上升，抵押權價值下降，連帶影響 REIT 價格下跌。
　　三、期前清償之風險：利息上升或下降時，此 REIT 會受到不利影響。
　　四、投資率變動之風險：利息若降低，則再投資率亦降低，當初期待之利潤亦降低。反之，利息高時，期待利潤會向上修正。
　　參照金子榮作等，《不動產の證券化》，p. 105 以下。

混合型係擁有不動產，同時貸款予所有權人與經營者，即權益型與抵押權型二者兼而有之。

此外，不動產投資信託依股份可否追加發行及發行是否定有期限，以及投資標的確定與否為標準，又可分為開放型 (open-end) 與封閉型 (close-end)；定期型 (finite-life) 與無限期型 (nonfinite-life)❾；特定型 (fully specified) 與未特定型 (blind pool)❿等各種類型，惟仍以第一種分類（以投資商品之標的區分）為最重要。

在美國不動產投資另有一種型態，即所謂「有限責任合夥」(Limited Partnership，簡稱 LP)，此種型態係由執行合夥人 (general partner) 與有限責任合夥人 (limited partner) 共同組成，以不動產開發為投資標的。執行合夥人須具備專業知識及經驗，負責事業與資金之管理與運用，對投資方案與報酬率進行評估，對於因執行業務所產生之法律與財務問題亦須負責；而有限責任合夥人僅負責出資，以持股方式參與合夥事業，但不參與實際業務之執行，事業無論盈虧，僅就出資比例平均分攤損益。

深度研究

一、都市更新投資信託

所謂都市更新是指在都市計畫範圍內，考慮都市之發展狀況、居民意

---

❾ REIT 因其有無期限，可分為：

　1.無限期型 REIT (perpetual-life 或 nonfinite-life REIT)，此乃不附期限之 REIT，初期之 REIT 採此型態。

　2.定期型 REIT (finite-life REIT)，可於一定期間後出賣不動產，將所剩資金分配予投資人後，將 REIT 解散。在附期限之 REIT 中，又有確定期間（如十年內）與附有三至四年之猶豫期間之分，後者可使管理在時間上有較高度自由。

❿ 例如限定特定地域、地段 (sector) 或物件與一概由受託人選擇之型態 (blind pool)。最近特定型 REIT 之例子，如取得購物中心 (shopping mall) 所有權，對飯店、度假中心之放款、醫院之回租 (leaseback)，取得特定工業用不動產所有權等。又所謂回租係指出售財產時，預先達成協議或給予明示的選擇權，俾出賣人可自買受人及時租回所出售之財產，亦稱為「出賣與回租」(sale and leaseback)。

願、原有社會、經濟關係及人文特色，針對衰敗、老舊地區，加以拆除、重建、整建或維護等，以復甦都市機能、改善居住環境、增進公共利益。為使都市更新法制化，立法院於民國 87 年 10 月通過「都市更新條例」，11月施行。

該都市更新條例引進信託制度，其第 13 條規定：「都市更新事業得以信託方式實施之」。自第 47、48 條規定❶，可知委託人得以更新地區內之土地為信託財產，並與受託人訂定以委託人為受益人之信託契約。

該條例另一突破為建立「不動產證券化」制度，規定：「證券管理機關得視都市更新事業計畫財源籌措之需要，核准設立都市更新投資信託公司，發行都市更新投資信託受益憑證，募集都市更新投資信託基金。」（第 50 條第 1 項）此乃仿美國「不動產投資信託」(Real Estate Investment Trust)，將不動產投資轉變為有價證券，使投資人與不動產間，由物權關係轉化為債權關係，而不動產之價值，則由固定之資本型態，轉化成具有流通性證券型態之制度。因都市更新需要龐大資金，而房地產市場近年不景氣，不易籌措都市更新財源，故將都市更新資產予以證券化，一方可籌措必要資金，他方又可增加大眾投資管道，使都市更新有更佳發展之希望。我國過去民間雖亦有不少類似不動產證券化的個案，諸如：金像獎電影院、財神酒店、太平洋花蓮鳳蝶、歐洲共同仕場計畫等，惟大多並不成功，而且此等計畫實質上為「產權持分化」，與不動產證券化之概念仍有差距。

依上開條例施行細則之規定，「以信託方式實施之都市更新事業，其計畫範圍內之公有土地及建築物所有權為國有者，應以中華民國為信託之委託人及受益人；為直轄市有、縣（市）有或鄉（鎮、市）有者，應以各該地方自治團體為信託之委託人及受益人」（第 19 條）。

惟都市更新條例下信託模式之運作細節如何？其與信託法及信託業法

---

❶　該條例第 47 條規定：「以更新地區內之土地為信託財產，訂定以委託人為受益人之信託契約者，不課徵贈與稅。前項信託土地，因信託關係而於委託人與受益人間移轉所有權者，不課徵土地增值稅。」第 48 條第 1 項規定：「以更新地區內之土地為信託財產者，於信託關係存續中，以受託人為地價稅或田賦之納稅義務人。」

之間如何配合？與現行土地登記制度如何配合，以辦理不動產信託登記等，問題頗多，該條例規定尚嫌簡陋，在在需進一步澄清。

又在該條例施行時，因不動產證券化在我國尚未起步，如何依現行法制設立都市更新投資信託事業募集基金，有不少障礙，諸如：如何防止都市更新業者與信託基金間之利益衝突？如何建立有公信力之鑑價制度以保障投資人等，有待克服，當然也有待政府與民間之通力合作。因此許多理想似有待後來之不動產證券化條例加以彌補。

二、美國法下之信託證書（Deed of Trust 或 trust deed）

(一)概　說

在美國於放款或買賣不動產之情形，當事人為了避免設定與實行抵押權之繁重冗長手續，往往用信託證書取代了抵押權之設定。

典型之抵押只有兩個當事人，即抵押權人與抵押人，而美國之信託證書（亦稱為以不動產擔保債務之信託證書）乃包羅三方當事人之擔保契約。在此種安排下，不動產之所有人（買受人／委託人）將所有權移轉予一個中立之第三人（受託人），由該受託人為了貸與人（即受益人）之利益，來保有 (hold) 該不動產之所有權 (title)。

此種三方融資之安排對貸與人有數種利益：第一，在美國大多數州，貸與人於借款人不償還債款時，有實行拍賣之權，而不須經由法院拍賣之程序。此程序稱為出售權 (power of sale)，其行使通常須通知委託人與公告預定拍賣之日期。雖然在拍賣前，亦有法定最短等待期間，但遠比實行抵押權所需期間為短，且費用亦較低廉。

第二個優點是可對貸與人之介入，加以保密。因只有受託人之姓名出現在紀錄上，且對該契據 (note) 再轉讓之受讓人亦可保密，而不透露其姓名。

另一優點是此信託證書便於借到大額金錢。因公司出售債券予許多當事人時，可將公司財產以一個信託證書 (deed of trust) 加以擔保（此際該信託證書係由一個第三人持有）。

(二)與抵押權之比較

以信託證書代替抵押權之設定，來擔保債務，當事人間之權利義務關

係，除了拍賣 (foreclosure) 外，照樣不變。即委託人仍有定期支付，保險等義務。且信託證書上訂有與抵押權類似之條款與規定。

也許在信託證書最重要之條款是所有權 (title) 分立之觀念，即不動產真正之所有權，係由第三人即受託人所持有，且所有權於清償債務時，須移轉歸還委託人。

在信託證書，於債務人遲延時，受託人有出售之權利，與在抵押權有拍賣之權利雖屬相似，但在信託證書優點甚多，除時間較為迅速外，並消滅或限制委託人之回贖權 (redemption right)。又信託證書往往賦予借款人（委託人）一種特殊回贖權（稱為 right of reinstatement），即在出售前任何時期，仍可支付所欠已到期之金額，以回贖該財產。反之在抵押權，則回贖 (redemption) 期間實際自出售時始行起算，且以後長達六個月至一年。

在美國若干州，此種特殊回贖權 (reinstatement) 要求委託人只需支付遲延前已到期之數額，加上各種費用。換言之，當受託人行使出售權時，委託人可行使此種回贖權，而不必支付當時已到期債款之全額，此種條款使得借款人較易回贖。

㈢受託人之義務與責任

在信託證書，受託人之行動係為雙方當事人之利益，故其行為需公正不偏。受託人並無義務檢查所有權 (title) 或證明信託文件記錄之真確，而只是作為管理人，負責依照所定條款執行融資安排。但當事人間發生衝突，或發生不付款情形時，受託人有責任執行信託契約之規定，並按契約條款及任何財產所在地制定法規定之程序，將不動產出售。

在美國許多州，制定法明定擔任融資安排受託人之資格，而在所有承認上述此種融資形態之州裡，受託人須係貸與人以外之人，通常為律師、經紀人、不動產產權保險人與保管 (escrow) 公司 ❷。

三、區分信託 (Subdivision Trust)

在美國一些州有所謂「區分信託」(subdivision trust) 制度。這是一種融資方法，利用信託關係之三方當事人的安排。但與上述信託證書之融資安

---

❷　Jennings, Real Estate Law, p. 499 et. seq.

排相較，當事人之角色不同。即買受人與出賣人都是由第三人（受託人）經理的信託受益人。出賣人將不動產的所有權移轉予受託人，而買受人與出賣人作成包含支付條件與其他規律當事人間權利義務條款之字據 (note) 或其他契約。

當事人也作成信託契約，列有受託人義務與責任之條款，並由受託人取得不動產之所有權。在此種融資方法，信託契約非常重要，因決定受託人何時可採取行動以及如何付款。基本上出賣人在不動產擔保有效之程度取決於信託契約。此種信託關係可圖解如下：

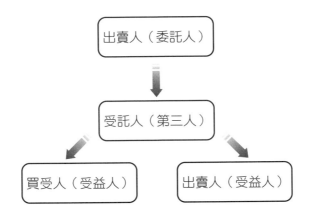

信託契約會規定買受人於清償日不付價金時，受託人有權出售該不動產，或將其再移轉予出賣人，而剝奪買受人在該財產上之利益。此種融資方式可使出賣人於買受人不付款時，比設定抵押權有更迅速之救濟方法。

此種信託典型之安排，是由對開發土地有偉大構想，但資金短缺之開發商（developers，即買受人）加以運用。透過此種信託安排，買受人與出賣人均享有擁有所有權 (title) 之第三人（受託人）之保護，並享受開發商能出售或出租該建設土地時，信託繼續存在之利益。因此買賣雙方都可自開發完成所獲之利潤獲得好處。因此信託契約可能規定受託人對出賣人不但要為該不動產支付一定金額，也要於買受人開始自投資賺到錢後給付開發利益的一定部分。

又以農夫出售黃金地段不動產予購物中心開發商為例。在興建購物中

心期間中，農夫只能自該土地收到很少錢，甚至拿不到。俟購物中心蓋好，出租該房地產，收到租金，甚至收到承租人出售貨物所得之一定比例時，農夫可收到土地之價金，連同在一定期間所收取利潤之部分，或兩者都收。當事人之關係可圖示如下：

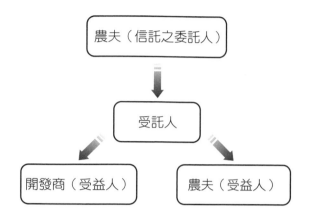

　　在承認以此種信託作為地產買賣之融資方法的許多州裡，不適用有關實行抵押權、回贖之規定，當事人只受該州信託法之規範。因此當事人常在信託契約加入如不付款或有其他違約情事時，受託人須遵守之條款❸。

---

❸　參照 Jennings, Real Estate Law (1999), p. 608 以下。

第十章　動產信託

　　以動產作為信託設立時信託之財產之信託稱為動產信託，日本信託業法准許信託銀行承辦動產信託。動產信託除設備信託外，其例不多。如動產單純保管，可利用保管（保險箱）。

　　動產不似金錢容易產生收益，很少需要設定以運用為目的之信託。惟法律上對動產之種類雖無限制，但行政上有限制，因日本制定信託業法當時，為防止信託公司對種類繁多之動產欠缺管理能力，有害於受益人，特加以限制，而沿襲至今，以致實務上能承辦之動產種類有限，亦即實際上應用之例，僅作為金融手段之設備信託與黃金（所謂金地金）之保管之信託。所謂設備信託乃將電腦、醫療用機器、車輛、飛機等信託，將其受益權賣予第三人，以謀資金化。現在日本處理動產之種類限於(1)輸送用機器（飛機、船舶、汽車等），(2)機械設備之機器（電腦、醫療用機器等），(3)黃金及其他貴金屬等（金融之目的）。至字畫、古董及牛馬等動產，現在不能承辦此等信託。但今日由於財產形態多樣化，如符合信託銀行之管理能力，以擴大動產種類為宜。

　　動產信託實務上留意之點：

㈠設　立

　　在設立信託須有「財產權之移轉或其他處分」（信託法第 1 條），在設立動產信託，須將該財產自委託人移轉予受託人。動產之移轉由委託人與受託人之意思表示合致而生效力，但為對抗第三人，須交付予受託人。動產信託之信託財產為車輛、飛機等，往往不能為現實移轉與受託人，因此實際上多由委託人為受託人占有之占有改定方式來取代。

㈡公示方法

　　被信託之動產可分為有公示方法（鐵道車輛、汽車等）及無公示方法（電腦等）二種。無公示方法之動產，由第三人善意取得時，受託人不能與其對抗。實務上信託財產並非由受託人現實予以保管，為了有收益出租

與第三人，故有由其他第三人善意取得之可能，因此實務上，多採將信託
財產之動產加上牌照 (plate) 以表明其為信託財產之方法。即在牌照 (plate)
上記上為信託財產之文字與受託人之姓名，由於裝在明顯易見之處，如有
人取得時，推定為惡意之目的，但牌照之類會毀損與變模糊，故在信託動
產出租時，應調查承租人之信用。

　　關於有公示方法之動產，須辦理相關法令所定之手續。在動產信託，
由於被信託之動產不在受託人手上，而由第三人 (user) 占有，故往往不省
略公示手續。

㈢信託報酬

　　信託報酬普通自信託財產收益中支付，但金地金那樣，信託期日中不
生收益者，通常另由委託人或受益人支付，信託報酬之計算基準亦有不按
動產價格而按數量者。

第十一章　設備信託

一、概　要

　　所謂設備信託乃動產或不動產之信託中，委託人（兼原始受益人）將受益權出售予投資人，以籌措資金為目的之信託。

　　按動產或不動產之所有人在籌措資金時，通常係出售財產或提供擔保，借入資金，而設備信託則係將財產信託，以其受益權出售予投資人，縱不出售與借入資金，亦可獲得相同效果。最近資產證券化成為新課題，實則設備信託可謂為資產證券化之先驅。

　　此種設備信託在美國，稱為 equipment trust，用於鐵道車輛等之資金籌措，在交易所亦作為交易之對象。

　　日本動產信託，作為產業資金籌措手段，在昭和 31 年以「車輛信託」為名，開始受理動產設備信託，作為籌措製造鐵道車輛所需資金之方法。過去雖利用於車輛、船舶、機械、電腦等之融資，現在則由於融資租賃 (lease) 等資金籌措方法之多樣化，一時較為不振。

　　說到設備信託之對象，其財產包括動產與不動產二種。動產主要為輸送用機器與機械設備等，又可分為將信託財產本身租予使用人（user，亦即買受人）之租賃方式，以及延期付款之條件，將信託財產即時出賣與使用人之即時出賣方式二種。關於不動產設備信託之說明，可參閱本書第七章。

　　由於設備信託受益權之流通市場尚未完備，通常多與信託銀行受託之年金資產等從事相互交易，又因約定：未經信託銀行同意，禁止再讓與。從而設備信託之受益權尚未有價證券化，而不適用證券交易法。

二、動產設備信託

㈠動產設備信託之特色

　　動產設備信託之基本構造乃以機械設備等動產為對象之信託，以製造

販賣「物品」之出賣人（製造商）作為最初之受益人，將物品信託予信託銀行，信託銀行將信託財產（物品）以長期延後付款之方式，出賣予需要之買受人（使用人）。

其特色為一方賣主由於將設備信託之受益權讓與予第三人，而期待即時一舉回收物品之販賣價金，他方使用人資金不致固定化，而能利用設備，而受益權之取得人，以信託銀行為受託人，而能為有利之投資。

與融資租賃 (lease) 比較，根本之差異為：在後者，使用人並非購入（所有）物，而以使用為目的，而設備信託係為了使用人最終取得所有權之金融為目的，因使用人著重之點不同，致選擇之方式亦有差異，惟在實際上似乎多從利潤是否有利加以選擇❶。

❶ 一、所謂融資租賃係對動產設備由租賃公司提供信用予承租人，使供應商立即受領標的物之價金，而承租人於租賃期中以類似買賣價金之分期付款方式，給付租金予租賃公司之交易。租賃公司與承租人簽訂租賃契約後，須與製造商或經銷商簽訂機器設備之買賣契約。該租賃契約為了確保出租人資金回收，有不少特殊條款，包括：

1. 租期內承租人不得終止租約。

2. 出租人不負修繕義務。

3. 承租人應將標的物標明出租人所有，置於規定處所，不得任意移動。

4. 危險負擔轉嫁予承租人。

5. 承租人負善良管理人之保管義務。

6. 承租人不得將租約上之權利讓與第三人。

7. 承租人違約時，出租人得請求付清全部租金或費用或收回租賃物，並請求損害賠償。

8. 承租人於租期屆滿後有是否續租之選擇權。

二、動產設備信託與融資租賃 (financial lease) 功用相似，但仍有不少差異，包括：

1. 動產設備信託係由製造商與信託公司所簽訂，信託公司另與使用者訂立租賃契約；而融資租賃乃由租賃公司與承租人所簽訂，於簽約後，租賃公司再與製造商或經銷商訂立買賣契約。

2. 動產設備信託於信託契約屆滿時，信託公司將該設備之所有權移轉予使用者；而融資租賃於租賃期間屆滿時，租賃公司不移轉租賃物之所有權，承租人有返還租賃物或優先續租之選擇權。

融資租賃呈現比較自由的發展，稅法上亦有較多彈性，而設備信託在稅法上處理仍嫌僵化，希望回復本來之彈性，應用於多種多樣之物品，以大幅因應資產流動化之需要。

⑴動產設備信託之方式

動產設備信託乃依信託自出賣人（製造商及委託人）移轉於信託銀行（受託人）之信託財產（動產）之所有權，按其自受託人移轉至買受人之時期，可分為「租賃方式」與「即時出賣方式」二種方式。

1.租賃方式

受託人將信託財產於一定期間租與買受人，於租賃期間期滿時，將該動產出賣予買受人，所有權亦於此時點自受託人移轉予買受人。

2.即時出賣方式

受託人於承受信託之同時，將信託財產出賣予買受人，其所有權亦立即移轉予買受人。依此方式，信託財產於信託設立後立即自「所有權」轉化為「買賣價金債權」，買受人對受託人以延付方式支付購買之價金。

在日本當初以租賃方式開始，後來為了解決租賃方式所有之問題，而設計出即時出賣方式。一般而論，動產設備信託採用租賃方式，而其租賃期間中信託財產與第三人之間有引起大問題之可能，例如有被追究所有人責任之可能性之油輪、飛機、汽車等，由於採用即時出賣方式，以買受人

---

3. 在動產設備信託，因終將取得該物之所有權，故無法避免對該設備之維護管理、繳稅、投保等手續；反之，在融資租賃，因租賃物自始至終屬於租賃公司所有，故除特約承租人須負維護、修繕義務外，承租人無需辦理折舊、繳稅、投保等手續。

4. 在動產設備信託，信託公司須依信託契約發給製造商受益權證書，俾製造商藉此證書設法獲得融資；反之，在融資租賃，租賃公司與製造商或經銷商間只有單純買賣關係。

5. 在會計處理方面，僅折舊費用與利息負擔在動產設備信託可作為費用處理；反之，在融資租賃，租金可全部列為費用。

6. 在設備折舊方面，在動產設備信託，使用者可享有特別折舊之優惠；反之，在融資租賃，租賃公司對於出租標的物並無享受此種優惠。

為所有人而迴避了信託銀行之風險。

實務上亦有採用不以出賣人為信託契約上之委託人，在向出賣人購入動產之時點，以買主為委託人、委託人兼買受人兼當初受益人，與信託銀行兩者間契約之應用型之案例者。

㈢動產設備信託之契約

1.基本協定之締結

在利用設備信託時，先由契約當事人，即出賣人、買受人及受託人三方就有關設備信託基本事項締結基本協定，其主要內容通常如次：

(1)信託契約締結之預約。又信託之目的為租賃方式時，「對買受人出賣及至出賣前之租賃」，在即時出賣方式之場合，「對買受人出賣及出賣價金之收取」。

(2)租賃契約或買賣契約締結之預約。

(3)設備交付之方法。

(4)受託人就瑕疵擔保責任不負其責。

(5)危險負擔與費用負擔應由買受人負責。

(6)擔保條款、保證人條款等。

依此基本協定，訂立自買受人向出賣人等之訂購製造契約。受託人雖不直接參與此訂購製造契約，然因設備信託乃買受人購入設備之金融籌措之一手段，而以此契約為前提，故受託人有確認此契約內容之必要。

2.信託契約

如物品交付為可能，則委託人 (maker) 與受託人間締結以委託人為最初受益人之信託契約。信託契約之主要內容如次：

(1)信託之目的，信託財產之種類、數量、信託價額。

(2)信託期間——信託期間，在租賃方式、在標的物法定耐用年數範圍內定之，開始之初普通為三年至五年，最近則較長。即時出賣方式，以該物品為擔保時，配合法定耐用年數。

(3)有關信託之登記、登錄及公示。

(4)有關受益人與受益權之條款——信託之原本及收益之最初受益人為

委託人，受益權證書（可分割發行）之交付，受益權之讓與、設質（任一場合須經受託人承諾）等事項。

(5)受託人之事務──受託人按信託目的，對買受人辦理標的物之租賃出賣。其方法、條件等應在與委託人協議後定之。

(6)有關計算及交付原本及收益──受託人以自買受人收取所定之租金或買賣價金之分期款及利息，作信託原本及利息之收支計算，依收支計算書向受益人報告，受託人將所收之原本與收益以金錢交付予受益人。

(7)信託契約於信託期間屆滿時以外，以金錢交付原本及收益之全部予受益人時，或依信託契約於解除時等而終了。

(8)信託契約原則不能解除，但達成信託目的或遂行信託事務有顯著困難時，受託人有解除權，又依契約解除，受託人可將信託財產按現狀交付予受益人，受託人因契約解除所生損害不負其責。

(9)其他，信託報酬，屬於信託財產之金錢之運用，各費用之負擔等。

3.租賃契約（租賃方式）

與締結信託契約同時，買受人與受託人之間締結標的物之租賃契約，租賃契約之內容概略如次：

(1)受託人將信託財產之標的物在租賃期間（＝信託期間）中租與買受人。

(2)在標的物上貼上表示信託銀行之信託財產之標籤（對於無信託公示方法之動產，依牌照 (plate) 等表示為信託財產，以防止第三人取得權利與成立即時取得。但此並非完全之公示方法，須加注意）。

(3)買受人對受託人按所定支付方法與條件支付當初信託價額之分期相當額及利息相當額作為租金。

(4)買受人非經受託人（出租人）之承諾，不能變更標的物現狀、轉租予第三人或讓與契約上之權利。

(5)安裝標的物等之費用，維持修補之費用等之負擔，或有關標的物之危險負擔等悉由買受人負擔。

(6)買受人應以自己之負擔締結以受託人為保險金收取人之損害保險契約。

(7)買受人於租賃期間滿了時，自當初信託價額扣除已付之分期相當額，將其殘額作為買取之價額，自受託人買取標的物。租賃契約因此終了，標的物之所有權自受託人移轉予買受人。

(8)其他契約之解除、抵銷、交互計算、公租公課等各費用之負擔，保證條款，瑕疵擔保責任等。

4. 買賣契約（即時出賣方式）

在即時出賣方式，受託人於承受信託之同時，對買受人出賣標的物。買賣契約之內容概略如下：

(1)受託人將信託財產之標的物出賣予買受人。

(2)有關買賣之價額、價金支付之方法與條件。

(3)有關失期條款、抵銷、差額之條款。

(4)有關標的物之交付，移轉所有權之條款。

(5)有關其他擔保條款、保證條款、公租公課等費用之負擔，瑕疵擔保責任等條款。

又即時出賣方式，信託財產於信託設立後，立即自所有權變為買賣價金債權。

故受託人為保全債權計，以買受人為相對人，締結「債務承認及清償契約及抵押權（讓渡擔保）設定契約」。亦有不設定抵押權等，受託人另取得其他人的或物的擔保，予以保全。此點設備信託與一般銀行貸款場合無異。

(四)受益權之出賣

委託人於信託同時成為受益人，為了取得資金，往往立即出賣受益權。但因市場有限，受益人自己物色買受人並不容易。又自投資人觀之，利潤縱屬有利，亦有不能立即換成現金等之限制，故實際上多由企業年金信託等長期安定資金取得受益權。

雖交付受益權證書予受益人，但此證書並非信託契約本身，證書之樣式亦屬自由。又此受益權證書乃一種證據證券，並非有價證券，故不能適用證券交易法。

依約定被出賣之受益權非經受託人同意，禁止轉賣與設質，信託收益

之租金等因係對原本乘上一定之比率，故買賣價格通常係按信託原本額定之❷。

動產設備信託結構圖

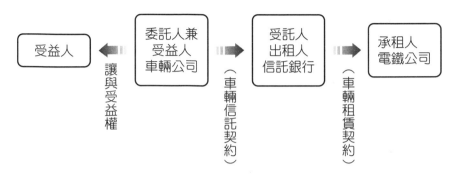

❷　三菱銀行，《信託の法務と實務》，p. 520 以下。

第十二章　保險信託

　　保險信託乃一種生前信託，信託財產在被保險人生前為人壽保險契約之全部或一部，而於被保險人死亡後為保險金。由於此種信託具有不少特色，因此有自己名稱，且在書籍分開討論。保險信託又分為個人保險信託與企業保險信託兩大類。

第一節　個人保險信託

　　所謂個人保險信託係由個人為個人、機構或其他能為受益人之利益，但不涉及企業或企業利益之信託 (Personal Insurance Trust)。保險信託一般亦稱為保險金信託，乃設立信託之際，自委託人移轉人壽保險金債權作為信託財產之謂。例如被保險人甲購買人壽保險，以其子女為受益人，而將該保險金給付請求權交付信託，指示保險公司於保險事故發生時，將保險金交付予其子女。此種信託又分為兩種型態，第一種型態在訂定人壽保險契約時，同時設立人壽保險信託，由委託人指定受託人或信託公司為保險金受領人，於保險事故發生時，由信託公司受領保險金，以之交付於受益人，或受託公司不直接將保險金交付於受益人，仍由其管理運用。第二種型態為就既存之人壽保險契約設定人壽保險信託。此際人壽保險契約已經訂立，委託人嗣後將信託公司變更為保險金受領人，於保險事故發生時，僅命信託公司受領保險金，或命其將所受領之保險金繼續加以管理運用。在此兩種情形，若信託公司於受領保險金後，逕即將其交付於受益人，此外不負任何積極義務者，稱為消極的人壽保險信託 (passive life insurance trust)，其於受領保險金外，並負管理運用保險金之義務者，稱為積極的人壽保險信託 (active life insurance trust)。

　　人壽保險信託以其後交付之保險費為標準，可分為附基金之人壽保險信託 (funded life insurance trust) 與不附基金之人壽保險信託 (unfunded life insurance trust) 兩種。此處所謂基金係指作為應支付於保險公司之保險費來

源之基本財產而言，包括金錢、有價證券（公司債、股票）等❶。在有價證券制度非常發達之美國，此項基金通常不給付現金，大都以有價證券充之，但在日本，則通例係以金錢給付。故附基金之人壽保險信託乃與人壽保險信託設立之同時，將上述基金信託與信託公司作為支付保險費之財源，使信託公司將此種財源所生之收益（有時甚至原本）作為給付保險費之財源或基金。換言之，保險契約上之權利義務歸屬於受託公司一身，而不致發生後述在不附財源時，保險基金請求權與保險費支付義務分離所引起之法律上缺陷。從而以後委託人就該保險契約，可免除支付保險費等各種手續與煩勞。

所謂不附基金之人壽保險信託係委託人於設定信託時，不將支付保險費之財源信託與信託公司，而由委託人（要保人）於受保險費給付之請求時，自行支付之。原來保險金請求權與保險費支付義務乃一個保險契約上兩個獨立之債務，故移轉一方，他方並不當然隨之移轉，從而在此種保險信託，保險費因由委託人支付之故，委託人不履行保險費支付義務時，信託財產之保險金請求權亦不能不歸於消滅，以致有時發生因保險金請求權與保險費支付義務分立所引起之危險❷。

保險信託之優點是，如父母鑑於子女年幼，以自己為被保險人購買人壽保險，亡故後，將保險金交付信託，可確保以保險金用來照顧子女生活與教育費之需，或等到子女成年後，再將保險金一次交給子女，以免保險金被有心人覬覦。此種信託具有重大之社會意義，為信託公司承受業務中非常有前途之業務，今後愈益發展當可斷言。

第二節　企業保險信託

在美國企業保險信託 (Business Insurance Trusts) 甚為流行，而扮演重

---

❶ 股票是否適於為支付保險費之財源？此問題因企業興衰不定，且股利與市價常有變動，故在日本信託公司一般似限定於收受鐵路、電力、自來水等含有公共色彩，且股利收益變動甚少之股票。

❷ 吳文炳，前揭，p. 286。

要之社會角色。按所謂企業保險信託，乃與企業有關之信託，又可分為(1)由企業所成立之信託（通常稱為「關鍵人物保險信託」(key-man insurance trusts))，(2)由個人為了清算企業或企業利益所成立之信託兩種。後者可再分為獨資保險信託、合夥保險信託及股份買取保險信託。

一、關鍵人物保險信託

此種信託係由某企業——無論獨資、合夥或公司——為其關鍵人物(一人或數人）購買人壽保險，將保險金作為信託財產，或由企業自己支付保險費（此時為一不附資金之信託），或連同保險、現金或證券（此時為附資金之信託）在信託契約上指示：於被保險人死亡時，如何處理保險金。此種保險信託是為了企業之利益而設，故應由企業負擔保險費。同理，合夥與公司亦可支付保險費，為他們關鍵人物買保險，而於被保險人亡故時，將保險金用於企業之目的。

二、清算信託

此種信託不是指結束企業本身，而是為了企業或企業之利益引進現金。此種企業保險信託又分為獨資、合夥與購買股份各種。

㈠獨資保險信託

例如甲是一家製造商之獨資所有人，渴望他的事業在他亡故後，仍能為其家屬之利益繼續經營。因甲並無兒子，但有一年輕同事乙，乙資金非常有限。故甲為自己購買人壽保險一千萬元，由企業支付保險費，且約定保險金要付予受託人。在徵得乙同意繼續受雇，並同意於甲亡故後繼續營業後，甲在信託條款上訂定：於他亡故後，受託人應以保險金為乙購買甲在企業的一千萬元利益。於甲亡故時，乙領取了一千萬元企業利益。因甲盤算留住乙，於甲亡故時，使乙變成企業之部分所有人，所餘大部分之企業利益歸屬甲之家屬。此種安排比起甲遺留全部企業，但無乙之協助，對甲之家屬更有實益。雖然事實上甲贈與乙一千萬元，但那是為了確保乙留下並參與企業而成立之信託。

㈡合夥保險信託

在美國，合夥保險信託比起獨資信託更為常見。在小企業尤其合夥型態，在一合夥人死亡後，由何人來接管企業、由何人營運公司、何人只分享利潤，在在發生問題。如合夥人之配偶與子女有意繼承企業，且有專業能力，則直接移轉，將已逝合夥人之利益交予他們，極為簡捷（就持份而論，可將有表決權之股份留予能營運企業之子女，將無表決權之股份交予他人），或將足夠之現金或透過人壽保險金，留給有意營運企業之子女，使他能購買其餘之遺產。但事實上合夥人之配偶與子女往往無意或無專業能力營運企業。此時合夥人通常希望於其亡故後，其他合夥人能繼續控制該企業，俾營運不致中斷。最常用之移轉企業所有權之方法是「買與賣契約」(buy-sell agreement)，即由所有生存合夥人同意買取任何死亡合夥人之利益，使企業除了少一人外，仍由同樣的人來管理，繼續營運。

買與賣契約通常規定：於某合夥人死亡時，其在企業之利益由其餘合夥人或股東取得，而把買賣價金留予已逝合夥人之親屬。此種安排常用人壽保險來融資，使企業避免現金用盡。合夥人為其他合夥人購買人壽保險，而保險金歸已故合夥人之生存配偶、子女或任何人，來交換已故合夥人在企業之股份。

此種合約有兩種主要方法，一種是由「團體購買」(entity purchase)，即由企業本身為各合夥人購買人壽保險，並用保險金買取某亡故合夥人之股份。另一種是「交互購買」(cross-purchase)，即由共有人彼此為他人購買人壽保險，且各人購買亡故合夥人股份之一部分，雖然團體購買較為單純，但交互購買享有重大稅捐之優惠❸。

假設甲乙二人是價值二千萬元之企業合夥人，持股相同。各人希望於自己死亡時，他在企業的一半利益儘快清算，且如他後死，要買下另一合

❸ 在企業之合夥人死亡時，比起通常情形，更需避免遺囑驗證。因為透過遺囑驗證來移轉銀行帳目與其他資產時，即使短暫中斷，但對必須及時支付帳單之企業可能造成重大打擊，所以企業通常透過信託或契約安排，來達成在遺囑外之解決目的。參照 American Bar Association, Guide to Wills & Estates, pp. 108–109。

夥人在企業的一半利益，成為單獨所有人。故甲乙二人互為他方買了一千萬元之人壽保險，並約定：保險金支付予受託人丙。且在信託條款訂定：於被保險人死亡時，應將所收保險金用來買取已故合夥人在企業之利益。保險金提供了買取已故合夥人在企業之利益所需之現金，且對已故合夥人之家屬更可提供現金，以因應債務、稅捐等種種支出之需。

(三)股份購買保險信託

股份購買保險信託，如同合夥保險信託對合夥人一樣，係供一個家族公司 (close corporation) 之股東，達到類似目的之用。例如甲乙丙三人是 A 公司全部股東，各擁有三分之一股份，他們希望如其中有人亡故時，由其餘生存者買取該已故合夥人之股份，再交予他們所推之一名合夥人繼續經營。因此甲為乙與丙二人購買人壽保險，同理乙與丙亦為其他二人購買人壽保險。各人約定所買保險之保險金應支付與受託人丁，由丁用已故合夥人之保險金來為生存合夥人之計算，購買已故合夥人之持份。在此情形下，保險金可提供買取持份所需之現金，且可即時提供清理已故合夥人遺產支出所需現金之用❹。

第三節　我國現行保險信託之作法

保險信託原係他益信託，依遺產及贈與稅法第 16 條之規定，人壽保險金給付予受益人時不需課遺產稅，但父母如以自己作為保險金信託之委託人，設立他益信託時，須繳納贈與稅。但一般父母想要將保險金交付信託再給子女，通常都是因為子女尚未成年或身心有障礙，才需要在父母往生之後，將保險金交由信託業代管，視子女需要分次給付給子女，但信託後要課稅，父母要給子女的資產反而縮水，導致父母興趣缺缺。由於法令運作關係，大幅降低民眾成立保險信託之意願，致此種業務在國內市場難以發展。

為規避「他益信託」課稅問題，據云目前國內實務模式是由保險要保人（父母）與保險公司簽訂保險契約後，由保險受益人（子女）擔任信託之委託人（亦即受益人）與銀行（受託人）簽訂信託契約，並由要保人向

---

❹ Stephenson & Wiggins, Estates and Trusts (5ed.), p. 111.

保險公司申請信託註記（即變更保險契約），俾於發生保險事故時，保險公司依註記內容將保險理賠金（信託財產）交付予受託人銀行所開之「受託信託財產專戶」，由受託人銀行依信託契約管理處分信託財產，並依約定給付信託財產予受益人，直至信託期滿。

　　由於此種信託架構係採自益信託模式，委託人即受益人可自行解約(未成年人另須經法定代理人同意)。為防止受益人解約，致不能達到原來設立保險信託之目的，當事人雖可另行約定設置信託監察人，由其行使變更或解除信託契約之同意權，或按受益人生活需要或安養機構之費用，行使支付信託收益之請求權，但此種作法仍有風險，而且此種信託之構造拐彎抹角，與保險信託應有（正常）作法出入甚大，無奈在現行主管機關不正確實務見解下，究屬不得已之變通措施❺。96 年 7 月保險法修正，雖新增第 138 條之 2，規定保險信託之受益人以被保險人、未成年人、心神喪失或精神耗弱之人為限，保險公司承作之保險金他益信託，其本金部分，視為保險給付，可免納所得稅、遺產稅、贈與稅❻。惟信託業承作之保險金他益信託，仍須課稅，故該條修正之實益不大，且對信託業者有欠公平。至於上述美國流行之企業保險信託，在我國則極為陌生，有待倡導。

---

❺　據云目前辦理保險金信託的前三大銀行為華南銀行、中信銀與國泰世華銀行。參照《經濟日報》，95/2/10 B4，記者李淑慧報導。

❻　該條規定「保險業經營人身保險業務，保險契約得約定保險金一次或分期給付。人身保險契約中屬死亡或殘廢之保險金部份，要保人於保險事故發生前得預先洽訂信託契約，由保險業擔任該保險信託之受託人，其中要保人與被保險人應為同一人，該信託契約之受益人並應為保險契約之受益人，且以被保險人、未成年人、心神喪失或精神耗弱之人為限。前項信託給付屬本金部份，視為保險給付。保險業辦理保險金信託業務應設置信託專戶，並以信託財產名義表彰。前項信託財產為應登記之財產者，應依有關規定為信託登記。第四項信託財產為有價證券者，保險業設置信託專戶，並以信託財產名義表彰；其以信託財產為交易行為時，得對抗第三人，不適用信託法第四條第二項規定。保險業辦理保險金信託，其資金運用範圍以下列為限：一、現金或銀行存款。二、公債或金融債券。三、短期票券。四、其他經主管機關核准之資金運用方式。」

第十三章　證券投資信託

第一節　總　說

　　證券投資信託 (investment trust) 之制度在世界上已有一世紀半之歷史，1860 年代，英國開始創設此種制度，由於當時一般國民儲蓄頗豐，而國內投資之利潤不高，故欲向利潤較高之歐美投資。惟中小投資人對外投資若獨力為之，則因對被投資國家之情形甚為隔膜，無法為萬全之調查，且無充分資金將其分散投資於不同地域，不同事業及不同證券，以減低投機與風險而策投資之安全。於是具有相同需要與困擾之許多投資人，將其資金集中，成立某種結合，將所有投資委任對證券市場具有專門知識與經驗、且可信賴之機構，使其以最小風險獲得最大利益，並按風險分散、投資分散之原則從事投資，最初係以信託契約之形式成立，是為各國投資信託之起源。嗣後此種制度在 1920 年代之美國得到更大之發展，經多次之考驗與改進後，遂蓬勃發展，尤以美國於 1940 年制定投資公司法 (Investment Company Act)，確立嚴格保護投資人之體制，使其法律之基礎益形完備。現在不但美國、英國、加拿大，就連日本、西德、瑞士、法國等許多國家，也都紛紛採用投資信託之制度，但由於各國社會與經濟情形不同，此種信託之形態亦出入甚多，極難為概括完整之敘述❶，但其基本特色似可歸結為下列數點：

　　一、投資信託乃結合不特定多數投資人之少數資金，成為龐大資金 (fund)，從事專門投資與管理

　　投資信託係以一般投資大眾為對象，將其資金結合起來，委託具有專門投資知識與經驗之專門機構為其管理運用，將運用成果（利益）分配予投資人，其投資對象在美國、西德及日本主要為有價證券。

　　二、發行受益證券或股份、公司債或其他證券

❶　河本一郎、大武泰南、神崎克郎，《證券取引の實務相談》，p. 429。

亦即某企業之股份或公司債之發行，並非為了籌措企業經營本身之資本，而是為了取得其他公司之有價證券。投資信託係為了投資於股份及債券，在證券市場，對企業發行之股份及公司債作長期安定之投資，獲得利息及股利之目的，而發行受益證券、股份及其他證券。

三、投資乃基於風險分散之原理

投資信託財產運用之特色乃風險分散，即一方對投資人確保較高之收益，同時將其投資之風險降低至最低限度，故將一般大眾各個資金結合，分散投資。其持有證券之分散不以同一產業內之企業為限，且往往按產業地域，甚至證券種類予以分散，故係一種金融保險之手段。

四、投資僅係以保全所投下之資本及獲得利潤為目的

在投資信託，證券持有之目的係在收取股利及利息，必要時將證券出售以獲得利潤，而與取得他公司之經營權，統制與支配所投資之企業之事務大異其趣，此點與握股公司 (holding company) 本質上不同。

五、信託財產之管理由信託銀行行之。

六、資金運用之成果按投資人之出資比例歸屬於投資人。

世界各國之投資信託有不同型態，一般多分為「契約型」與「公司型」，以及「閉鎖型」（close end 型）與「開放型」（open end 型）。所謂「契約型」投資信託，係將委託人與受託人所締結以證券投資為標的之信託契約上之受益權加以分割，使投資人取得表示此種權利之受益證券之型態，而「公司型」投資信託則設立以證券投資為目的之股份有限公司，使投資人取得其股份之型態。公司透過證券投資所得之利益以股利之形式，分配於投資人。在「公司型」，投資人係股東，而在「契約型」則係受益人；投資人之資金在「公司型」構成公司之資產，而在「契約型」則係信託財產。又在運用方面，在「公司型」應依公司之章程辦理，而在「契約型」則應依信託契約為之。

又在利益分配方面，在「公司型」係股利分配，反之，在契約型則係信託之收益分配，「公司型」投資信託由於形式上並無任何信託契約之存在，故論者有認為不宜將其稱為投資信託者，但如自投資人與公司經營人之間

有信任關係存在，信託公司具有保管機關之機能，在實質方面與契約頗為類似，同時此種型態係以證券投資為目的，將其運用之收益分配於投資人，自此種經濟機能觀之，似不妨認其為投資信託之一種❷。

　　所謂「開放型」信託係指因受益證券、股份等證券之買回（部分終止契約）與追加發行，可使信託財產或資本不斷增減，反之，所謂「閉鎖型」（close end 型）信託，係指不得將證券買回（部分終止契約）或追加發行之型態。在「開放型」信託，由於可以基準價額買回受益證券，因此股票市場景況好時，資產易於增加；反之，於不景氣時，受益人之買回請求不免激增，致公司殘餘之原本有急劇減少之傾向。在「公司型」之投資信託，尤其也是「閉鎖型」信託之情況下，多少可免除此種不安定之缺點，而可以安定之資金，從事長期有計畫之投資運用。閉鎖型證券不得買回，故信託資金安定，運用者便於運用，但風險亦大，若有虧損，股東最先承擔損失。閉鎖型證券持有人因不可向公司請求買回證券，如欲出脫，只能於公開市場出售。閉鎖型證券在交易市場或店頭市場買賣，價格易受市場供需影響，不一定與信託財產淨值一致，但開放型證券原則上係以基準價格由公司買回。

　　此外，證券投資信託尚有以下分類，即一旦投資於股票與債券，非至信託期間終了，不得出售或過戶之「固定型」，與可依裁量自由將投資對象出售及更換之「融通型」。以及在「契約型」之投資信託中，又分為不許追加信託之單位 (unit) 型，與可以追加信託之「追加型（基金型）」等。

　　以美國而論，美國投資信託大致分為利用法律上信託契約之形式，與依據公司法或與此相類似各州法律直接成立之公司之形式。前者稱為contractual 或 indenture type，後者稱為 statutory type 或 direct type（亦有稱為公司型）。前者並非成立以出資人為委託人兼受益人，投資信託公司為受託人之信託契約，而是以投資信託公司為委託人，第三人之銀行信託公司等為受託人，投資人即投資信託參加證書之所有人為受益人之信託契約。因在此情形，投資信託之設立人之投資信託公司並不自行辦理投資證券之

---

❷　經濟法令研究會，《信託實務のコンサルタソト》，p. 151。

管理運用，而將投資證券之管理運用，甚至證券之選擇，交託法律上被選任為受託人之其他機構斟酌辦理，而自己則僅擔任將該受託人（有時由自己）所發行投資信託之參加證書，出售於一般投資人之任務而已。換言之，先信託數單位之投資客體（investment unit 或 investment fund），成為基金，然後將該投資客體細分為適於一般投資人投資之參加證書之型態，將其出售，以確定真實之受益人。一般投資人於購進參加證書時，成為信託契約之受益人，其後因出售證券而失去此種資格。又投資信託公司僅係投資信託設立人，而與附擔保公司債信託之舉債公司之地位頗為近似。信託契約即係由其與受託人（銀行、信託公司等）所締結，故自此等受託人觀之，此種投資信託受託業務可謂為一種法人信託業務，在此場合，委託公司與受託公司之間，可能有某種資本或人事的結合關係存在。

　　按投資信託係在英國創始，於 1924–1925 年以後移殖至美國，以後美國國民所得急遽增加，在美國投資信託大放異彩。然美國投資信託之主流，係以 1929 年為分界，急速自經營型（詳如下述）轉變為固定型，即同年華爾街之恐慌後，與其投資於冒險性收益多的證券，不如採取固定的投資方向，投資於以安全為第一，最理想的選擇組合之證券。然英國投資信託原來幾乎皆係公司型❸，公司當事人就證券之投資，雖可完全發揮自由手腕，但世界經濟恐慌後，基於相同理由，美國之固定型反而傳入英國而流行起來。同時英國投資信託之大勢，不再利用法律上信託契約之形式，而近來傾向則更自固定型而轉換為單位型。

　　上述型態之中，又可細分為二種，其一為須將一定數額之基本財產信託，該信託財產係證券，分為許多單位 (unit)，每單位係由許多證券結合而成之集團，其二為以一定基金 (fund) 作為單位。在前者其金額多寡係因投資客體之內容如何而定，而後者則因金額多寡而定其投資之客體。但此兩種信託均將證券分割為適當之金額，發行參加證書。至於一定數額之基本財產應以何種配合投資於證券？有的在信託契約訂立時即已決定，有的則將其選擇與運用交由受託公司處理，前者稱為固定型信託 (fixed trust)，後

❸　新莊博，《信託業論》，p. 146。

者稱為經營型 (management type)。在固定型信託 (fixed trust)，關於信託資金之用途，投資信託之受託公司原則上以最初信託契約書上指定列舉之證券作為投資之對象，除特定情形外，並無變更或追加之權限。

第二種 statutory type, direct type 或公司型投資信託，係投資人與投資信託設立人以組成公司之方式互相結合❹。因在上述契約型之投資信託，證券投資係以受益人，即一般投資人之計算辦理，投資信託不過收取一定數額之手續費而已。且此種投資信託之成立，以第三人（受託人）之存在為前提，反之，此處公司型投資信託，投資信託公司自為計算之主體，一般投資人或以股東，或以優先股股東，或以公司債債權人之身分，參與公司利潤之分配。同時，未必以第三人為受託人，公司本身帶有受託人之性格。至於其投資運用以何種方針辦理，難於一概而論，或如英國型投資信託公司那樣，採取安全確實第一之消極方針，或以營利為主，多少採取投機性與支配性之積極方針❺。

第二節　日本之證券投資信託

一、性質與組織架構

在日本，證券投資信託原皆採契約型，依照其證券投資信託法之規定，證券投資信託係指「基於委託人之指示，將信託財產作為對於特定有價證券之投資，加以運用為目的之信託，並將其受益權分割，使不特定多數之人取得為目的之謂」（舊法第 2 條第 1 項）。分析言之，日本之證券投資信託之性質與組織架構如次：

㈠係作為對特定有價證券投資加以運用為目的之信託。

㈡在辦理以信託財產之運用指示為中心之業務之委託人，與擔任以信託財產之保管計算為中心業務之受託人之間，締結證券投資信託契約。

---

❹　又此種投資信託公司成立之準據法在美國除公司法外，尚有麻薩諸塞州之麻州信託或普通法信託 (common law trust) 或商業信託 (business law)。

❺　新莊博，前揭，p. 145；楊崇森，《信託與投資》，p. 119 以下。

㈢將此種信託所生之受益權，依據信託行為，均等予以分割，而發行表示分割受益權之受益證券。

㈣不特定且多數之投資人（故(1)受益人不特定，但少數，(2)受益人多數，但特定(3)受益人特定且少數時，與此證券投資不相當），由於取得此種分割之受益權，而取得受益人之地位。

㈤為保護投資人之利益計，信託契約之委託人，須係大藏大臣（相當我國財政部長）特許之委託公司，又受託人須以信託銀行為限。

㈥證券投資信託約款及其變更均須預先經大藏大臣之核可。

證券投資信託係以金錢為信託之標的物，而約定以金錢返還原本，因依照委託人之指示為信託財產之管理運用，故可認為係特定金錢信託之一種。

二、當事人

日本證券投資信託之構造較為特殊，其當事人除委託公司、信託銀行、投資人（受益人）之外❻，尚有販賣受益證券之公司（主要為證券公司）。

按在一般金錢信託，委託人（投資人）將金錢移轉予受託人（信託公司），由受託人加以管理運用，再將其收益交付予委託人兼受益人，即採自益信託之形式。反之日本之證券投資信託雖利用信託之形式，但一般投資人只將金錢交付予證券投資信託委託公司（以下簡稱委託公司），卻不成為信託契約之當事人。信託契約係在委託公司與受託人（信託公司）之間締結，由委託公司居於委託人之地位，並由委託公司發行表彰分割為小額受益權之受益證券予投資人，而委託人與投資人（受益人）係採另外他益信託之形式（日本證券投資信託法，以下簡稱「投信法」，第 2 條第 1 項、第 4 條、第 12 條）。

---

❻ 投信係將一個信託契約上之受益權證券化，販賣予不特定多數人之信託契約，與證券信託受益權並非賣予不特定多數人不同。投信乃集合小口資金，合同運用，而證券信託則個別委託人以契約單位運用，兩者之顧客，在投資財產範圍，信託期間，金額，投資方針等各點不同，如將投信認為 ready made，則證券信託為 order made 之商品。參照林宏編，《信託の時代》，p. 152 以下。

(一)委託公司與其權限之特殊

委託公司乃以證券投資信託之委託人為業之公司（日投信法第 2 條第 4 項），資本額在五千萬日圓以上，經大藏大臣特許之股份有限公司（以平成 9 年而論，共有四十一家）。

按依信託法之原則，信託財產之管理或處分應由受託人辦理，委託人於信託設立後，即失去財產之管理處分權，不過對受託人有監督權而已。但在日本證券投資信託，依其證券投資信託法，委託公司辦理運用信託財產之指示、受益證券之發行、作成對受益人之報告書、向大藏省提出報告、行使信託財產（股份）之議決權等，像證券投資信託那樣，委託人全面保有信託財產之運用指示權，受託人依委託人之指示，管理運用，亦即一般信託受託人之職務亦由委託公司分擔。而且受益權歸屬於投資人之後，委託人對信託財產繼續享有如此廣泛的權能，不能不說是例外，其結果，受託人之權能儼如保管人 (custodian)，被動的管理信託財產❼，以致產生證券投資信託乃被動或消極信託，並非信託法上信託之見解或疑慮。惟論者以為一般在所謂被動信託，可分為二種型態，其一為受託人只是單純信託財產之名義人，由委託人或受益人管理處分；其二為受託人基於委託人或受益人之指示，而為管理處分。根據受託人實質上有無管理處分權，前者在信託法上無效，後者有效。在證券投資信託，運用指示雖由委託人行之，但具體之買賣執行係由受託人以自己名義為之，故可認為屬於上述第二種型態，而應認為有效。

證券投資信託法由於日本採契約型之證券投資信託，故修正信託法之原則，對證券投資信託委託公司之地位、職務、權利等設有特別規定（日投信法第 17 條第 1 項）。

委託人由於遂行信託財產之運用之指示等任務，故可接受報酬作為對價。委託人所收取之報酬與受託人所受取之報酬相同，稱為信託報酬。其計算方法應記載於投信約款與受益證券上。

(二)受託人

---

❼　鴻常夫，《商事信託法制》，pp. 161–162。

證券投資信託之受託人以信託公司或經營信託業務之銀行為限（投信法第 4 條第 1 項），即以有信用之機構作為受託人，以保護受益人。

受託人（信託銀行）雖為受益人管理信託事務，但原則上不直接接觸受益人，因依證券投資信託約款，募集受益人、發行受益證券、交付收益分配金、支付償還金、發行公告計算書等，皆由委託公司辦理。例如收益金與信託原本之支付，依信託法之原則，應由受託人辦理，但在證券投資信託，依約款，由受託人將總額向委託人支付，再由委託公司交付予各受益人，亦即受託人因向委託公司支付而免責。

作為受託人之信託銀行，其主要任務為保管信託財產，依委託人之指示，收受有價證券與金錢，計算信託財產、認證基於信託約款之受益證券、向委託人交付收益分配金、償還金、解約代金等❽。

(三)指定證券公司

在證券投資信託，受益證券之販賣由經營直接販售之委託公司或證券公司辦理（日本證券投資信託法第 2 條第 1 項第 7 款）。此點與股票不同，只由委託公司指定之證券公司處理，稱為指定證券公司。

指定證券公司之主要業務為賣出與買進受益證券，一部解約之收件、支付分配金與償還金、顧客（受益人）之管理、作成對受益人之各種報告書，這些是受委託公司之委任辦理。

(四)受益人

證券投資信託之受益權係以均等分割之方式證券化，以取得受益證券之人為受益人。受益人就信託原本之償還與收益之分配，按受益權之數目享有均等之權利。

過去設立信託之際，係採取以委託人為公司最初之受益人，委託公司將取得之受益權證券化，販賣予投資人之方式。但最近一般之形式為自設立當初起，委託公司在信託約款上明白指定投資人為受益人。惟受益人非信託契約本身之當事人，乃委託公司與信託銀行所締結他益信託契約之受益人❾。

---

❽　三菱銀行，《信託の法務と實務》，p. 412 以下。

三、日本證券投資信託之蛻變

日本於 1998 年大幅修改證券投資信託法，將向來法律之名稱刪除「證券」二字，改稱為「關於投資信託及投資法人之法律」，導入英美公司型之證券投資法人制度❿，且確立私募之投資信託制度，於 2000 年施行，其主要修改重點如下：

㈠大幅擴大投資對象資產：除有價證券外，亦可創設包含不動產等之特定資產，並導入委託人非指示型投資信託。

㈡網羅受託人責任之規定，即將受託人之責任加以明確化：對從來規定之忠實義務，加上善良管理注意義務。投資信託委託業者怠於任務，致受益人發生損害時，負損害賠償之責。又投資法人之資產運用業者亦同。此時執行役員、監督役員、一般事務委託者與會計監察人須連帶負責。

㈢在契約型投資信託亦設置受益人監督之規定：在證券投資法人，投資人作為法人之股東，享有變更規約之決議等種種權利；在契約型證券投資信託雖定為有帳簿閱覽權與透過會計監察人監察，但自企業治理 (governance) 之觀點言尚不充分。故新法規定契約型投資信託約款有重大變更時，委託業者應將其內容公告，對受益人公布書面；於受益人過半數表示異議時，不得變更。同時有異議之受益人亦得請求買取自己保有之受益證券⓫。

㈣擴大販賣途徑：即銀行、信託銀行、人壽保險公司等金融機構亦可處理募集證券投資信託之受益證券與證券投資法人之投資證券。

㈤增設私募制度：依舊投信法，證券投資信託乃分割受益權，使不特

---

❾　三菱銀行，《信託の法務と實務》，p. 413 以下。

❿　其導入公司型投信（美國式公司型投信，即證券投資法人）制度之理由為：⑴公司型投信為美國及法國廣泛實施之投資信託形態，基於與其他國家金融商品整合性考量，有導入之必要；⑵公司型投信之投資人擁有股東權，可透過股東權行使及股東會之方式，監督公司型投信之董事會，以保護投資人權益；及⑶基於金融商品多元化及增加投資人資產運用之選擇機會之考慮。

⓫　野村アセット投信研究所，《投資信託の法務と實務》，p. 42。

定多數人取得為目的，故無法設定特立或少數人取得受益權為目的之私募投信。新投信法則改為將其受益權分割，使複數之人取得，即承認所謂私募投信制度，使特定或少數之人亦能取得受益證券❶。

第三節　我國之證券投資信託

我國證券投資信託之發展歷史與先進國家相較起步頗晚，證券交易法第 18 條與銀行法第 115 條雖早已明定授權訂定證券投資信託事業與證券投資信託基金之管理規則及辦法，惟此項制度卻遲至民國 72 年 10 月為引進僑外資投資於我國證券市場始行建立。即民國 72 年首先成立「國際證券投資信託公司」，不久成立光華、建弘與中華三家投信。嗣又陸續開放，至 92 年 12 月底止，證券投資信託公司計有 43 家。所募集之證券投資信託基金有 417 件，證券投資顧問事業已達 207 家，有價證券全權委託之總金額亦高達新臺幣 3,195 億元。顯見證券投資信託已成為國內投資人重要投資對象，惟尚無訂頒證券投資信託法，法制有欠完備。規範證券投資信託事業之法律依據主要仰賴證券交易法第 18 條及第 18 條之 2 授權行政院與財政部分別訂定之「證券投資信託事業管理規則」、「證券投資顧問事業管理規則」、「證券投資信託基金管理辦法」及「全權委託投資業務管理辦法」等行政命令，不但其適法性與妥當性頗有疑問，且影響投資人權益之保障與投信投顧業務之健全發展。

---

❶　新法之下，公司型投信之機關如次：

1. 投資人會議（投資主總會），相當於股份有限公司之股東會。

2. 董事（執行役員）。

3. 監察人（監督役員）：相當於美國 1940 年投資公司法之獨立董事 (disinterested directors)，至少比董事人數多一人。消極資格限制比董事更廣。

4. 董監事會（役員會）：由董事與監察人合組而成，但實際上具有「監察人會」性質。對失職或不能執行職務之董事得逕予解任，不須先經投資人會議之同意。

5. 會計監察人：設立其會計監察人，須經投資人會議選任。限公認會計師或監察法人擔任。為準內部機關，對投資人會議負責。如怠於行使職務，致證券投資法人受損，應負連帶賠償責任。

　　民國 93 年政府遂訂頒「證券投資信託及顧問法」，取代上述各行政命令，內容極其繁複，且不無零亂之感，其重點或特色似可概括如次：

　　一、參考日本證券投資信託法上基金管理者與基金保管者立於信託關係之法制架構設計，將證券投資信託法律關係界定為特別法上之信託關係。即證券投資信託契約並不以投資人為委託人，而以證券投資信託事業為委託人，基金保管機構（信託公司或兼營信託業務之銀行）為受託人，投資人為受益人（受益憑證為記名式）之信託契約，惟尚未引進公司型之投資信託。

　　二、將證券投資顧問事業亦納入本法詳予規範，所謂證券投資顧問事業係主管機關許可受客戶委任，對有價證券及相關商品提供分析意見或推介建議為業之機構（第 4 條）。該法修正原分業經營之概念，容許跨業經營，即投信投顧事業經主管機關核准，得互相兼營或兼營他事業，並開放證券商，期貨信託事業，期貨顧問事業，期貨經理事業或其他相關事業於取得許可後得兼營投信、投顧事業（第 66 條），以擴大投信與投顧之業務範圍。

　　三、擴大基金商品種類（包含期貨、選擇權等）及投資標的範圍，俾利業者引進新種類基金商品（第 5、14 條），信託業務得申請兼營證券投資信託業務（第 6 條）。

　　四、明定證券投資信託事業、證券投資顧問事業、基金保管機構，全權委託保管機構及其董監事、經理人、受僱人負有善良管理人之注意、忠實、保密、資訊揭露（告知）與防止利益衝突等義務，以保護投資人（第 7 條）。募集證券投資信託基金應向申購人交付公開說明書（第 15 條）。

　　五、證券投資信託排除信託法若干規定（包含情事變遷原則、閱覽抄錄相關文件之權、解任受託人費用債務之償還、信託監察人）之適用（第 44 條）。原則上受益人權利之行使應經受益人會議決議為之（第 38 條）。

　　六、增列得以私募方式對特定人（銀行業、票券業、信託業、保險業、證券業等）招募基金（第 11 條），對應募人負有交付投資說明書之義務（第 15 條）。

　　七、將境外基金納入管理（第 16 條）。

八、規定投信投顧得以信託方式經營全權委託投資業務（第64條）。

九、對業者故意或重大過失所致之損害，法院可酌定懲罰性賠償（第9條），又全權委託投資業務之委任人、委託人或受益人對營業保證金及賠償準備金有優先受清償之權（第52條）。

十、除行政監督與罰則外，將投信投顧同業公會定為自律機構，賦予種種監督相關業者之任務與權力（第84條至第92條）。

我國之現行證券投資信託，是指證券投資信託公司以發行受益憑證之方式向大眾募集基金，並運用此基金投資於有價證券或相關商品，再將投資所得利益分配予受益憑證持有人（即受益人）之制度。我國證券投資信託制度係採「契約型」，證券投資信託契約除相關法令外，為規範證券投資信託事業（投信事業）、基金保管機構與廣大投資人（受益人）之依據（證券投資信託及顧問法第5條），其內容攸關當事人權利義務至鉅。證券投資信託法律關係之基本架構如下：

一、證券投資信託契約由證券信託事業（含公司）與基金保管機構之間所簽訂。信託以證券投資信託事業為委託人，發行受益憑證（為表彰受益人對該基金所享權利之有價證券），經由證券承銷商或銀行向投資大眾（受益人）銷售，由受益人取得基金之受益權，然後將銷售所得之資金，匯集成為證券投資信託基金。

二、以獨立之基金保管機構（信託公司或兼營信託業務之銀行）為受託人，依委託人之運用指示，從事保管、處分、收付證券投資信託基金。證券投資信託公司則負責該基金之投資與運作，投資於有價證券及證券相關商品（如期貨、選擇權等）。

三、證券投資信託公司在發行受益憑證，募集證券投資信託基金之前，應與基金保管機構訂立證券投資信託契約，受益人持有受益憑證後，依契約享受權利、負擔義務。有關證券投資信託事業與基金保管機構之權利義務及法律責任、基金運用之基本方針、範圍、受益人之權利義務、收益分配、受益證券之買回及基金應負擔之費用等，均應於該契約中明確約定（第12條）。此外，關於受益人之權益之行使，並應於受益憑證（第36條）及

公開說明書上詳細記載。

　　四、運用證券投資信託基金投資所得之收益，定期分配予持有受益憑證之投資人（即受益人）（第 31 條）。受益證券為記名式，原則上可自由轉讓（第 32、34 條）。

　　五、為對投資大眾提供證券投資分析意見或推介建議，另有證券投資顧問事業，可與客戶訂立證券投資顧問契約。

　　以國內目前基金分類觀察，其種類包括開放式股票型、封閉式股票型、海外股票型、國際股票型、債券股票平衡型，以及分別投資於國內或海外之債券型基金，其中以投資國內之債券型基金規模最大。至民國 98 年 7 月底止，投資信託公司共 39 家，投資顧問公司共 107 家，基金共 504 支，私募基金 132 支，全權委託 980 件，境外基金 947 支。

證券投資信託之基本架構關係圖
一、證券投資信託及顧問法施行前

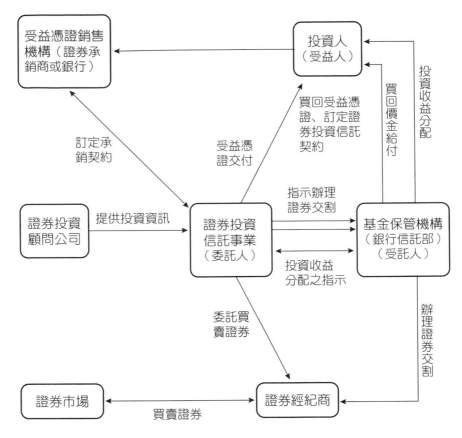

（引自證券暨期貨市場發展基金會，《中華民國證券暨期貨市場》（89年版）一書，pp.198-199）

二、證券投資信託及顧問法施行後

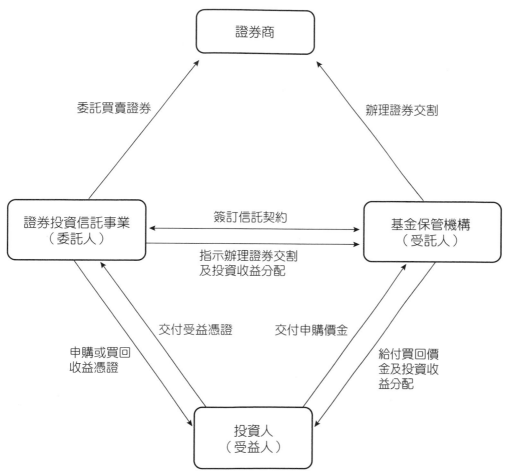

（引自郭土木，《證券投資信託及顧問法講義》，臺北律師公會系列在職進修課程 205）

第十四章　有價證券之信託

第一節　日本之有價證券之信託

一、有價證券之信託之意義

所謂有價證券之信託乃設立信託之際，以有價證券為信託財產之信託之謂。但在信託設立之際只要是有價證券為已足，並無至信託終了一直是有價證券之必要。例如信託財產為公司債，即使因出賣及滿期轉化為金錢之後，該信託在分類上仍屬「有價證券之信託」，不能歸類為「金錢之信託」。

在日本，有價證券之信託，與金錢信託不同，不得締結原本填補、利益補足之特約（日本信託業法第9條）。

關於有價證券之信託之種類，依委託人之目的，可分為「以有價證券之管理為目的之有價證券管理信託」、「以運用為目的之有價證券運用信託」及「以有價證券之處分為目的之有價證券處分信託」三種。

二、信託有價證券之範圍

關於以有價證券作為信託財產之範圍，信託法上並無特別限制，凡可認為財產法上之有價證券均可作為對象。此處所謂有價證券乃表彰財產權之證券，其權利之移轉與行使須以提示證券為之，公司股票、公司債券、提單、倉單、載貨證券等均包含在內。反之支票等乃支付手段之有價證券，並非管理其本身，而係換價為金錢加以管理，故以支票設立之信託乃金錢之信託。

實務上有價證券之信託之對象，國債、地方債、政府保證債、公司債、股票、無記名之放款（貸付）信託受益證券、證券投資信託受益證券幾全在內。

三、有價證券信託之設立

委託人與受託人締結信託契約，將所信託之有價證券交付。有價證券中，亦有讓與時須經董事會承認之股份等，權利移轉不自由者。在此場合辦好所定手續後如不訂契約，則不得以信託對抗利害關係人。有價證券為應登記之股份、債券時，雖不須將現物交付於受託人，但委託人須將設立信託之情事通知登記機關。

四、有價證券管理信託

所謂有價證券管理信託，乃以管理有價證券為目的之信託，在因年老、忙碌等情事，本身不能管理有價證券，或需正確、迅速並以低廉費用來管理、保全多種且量多有價證券之情形等加以利用。在美國基於有價證券委諸專家管理正確、迅速且費用低之見解，故有價證券之管理信託利用度甚高，但日本最近亦急增中。又有價證券管理信託亦有為了將委託人之特定財產自其財產圈分離予以利用。例如在日本作為閣僚等資產公開之一環，平成元年7月起實施之閣僚等股份保有等之信託是也。此乃閣員等在職期間將其保有之股份等信託予信託銀行，以防止社會大眾對買賣股份發生疑惑之制度❶。

有價證券管理信託因締結信託契約與交付有價證券而成立。記名式有價證券為了對抗發行公司除須辦理變更名義之手續外，為了以信託財產對抗第三人計，須將信託財產表示或登記，但往往被省略。此種信託日本最近以股份等為中心開始活潑利用。

(一)管理之內容

有價證券管理信託之管理內容如次：

1.收取股息

2.公司債償還金之收取

3.增資新股份之繳付

---

❶　三菱銀行，《信託の法務と實務》，p. 472。

每當公司分配股東增資新股份時，關於信託股份，會通知委託人按公司指示來處理。在有償增資時，須對受益人承受新股或失權加以確認。如欲承受新股時，應於要約期日前，自委託人收到付款保證金，連同股份要約證向處理場所為辦理要約。此時為了預先充當此種繳付增資之資金計，亦可設定普通存款與金錢信託之戶頭，必要時，提出一部款項來辦理增資繳款。增資之形態有中間發行增資，股東優先公募等多樣化，須與受益人密切連絡。

4.信託股份之表決權行使

對發行公司能行使議決權者，固為名義人（即受託人），但往往依特約表決權之行使，須依受益人或委託人之指示行之（又關於表決權，參見後述「與獨占禁止法之關係」）。

5.管理已受領之本息及交付予受益人

受託人受領自信託財產所生之本息後，於交付受益人之日前，加以管理運用。交付受益人之日期可分為每次受領本息之日，與每年一定時期，應依信託契約之訂定。

(二)與獨占禁止法之關係

依日本獨占禁止法之規定,在因取得或擁有日本國內公司股份而實質上限制了一定交易領域之競爭時,公司不得取得或擁有該股份(同法第 10 條)。

又禁止金融機關擁有國內公司股份超過其已發行股份總額百分之五（保險公司 10%）（第 11 條）。在有價證券信託，受託之股份，與由金錢信託（員工持股信託、特定金錢信託等）所取得之股份相同，其議決權由受託人（信託銀行）行使時，因有支配企業之可能，故除了屬於投資信託者外，按各同種股票屬於受託人固有財產之股數與屬於受託財產之股數，合計不得超過發行股份百分之五。

但對被信託之有價證券，委託人或受益人行使表決權時，或就表決權之行使，委託人或受益人能指示受託人行使時，不在此限（日本獨禁法第 11 條第 1 項第 3 款）。因此時受託人並非基於自己之判斷行使表決權，受託人並無支配企業之可能性，故加以除外。

在日本實務上屬於信託財產之股份之議決權，附上受託人依委託人之指示行使之特約，信託銀行於舉行股東大會時，由委託人提出「議決權行使指示書」，來辦理獨占禁止法適用除外之手續。

(三)有價證券管理信託與保管之差異

有價證券管理信託與有價證券之保管，在保管有價證券之點固屬類似，但其法律構成與經濟效果不同。在有價證券管理信託，不但證券之占有權，而且所表彰之權利亦移轉受託人管理。故受託人自己作為股東或公司債權人，為受益人之利益，依信託目的收取利息盈餘、為增資之要約、行使議決權等，行使一切權利義務。

反之保管乃有價證券之寄託，占有權雖移轉於受寄人，但有關有價證券之權利義務悉屬於委託人（股東或公司債債權人等）。但在保管如附有息票，原本及股息之代理收取等之常任代理人契約之場合，在保管與本息之受取方面，可發生與有價證券管理信託大約相同之效果。

又在有價證券信託，委託人（或受益人）之債權人對於受託有價證券本身，不能強制執行或拍賣（信託法第 16 條），又依信託財產獨立性之原則，屬於信託財產之債權不能與不屬於信託財產之債務抵銷（同法第 15、17 條）。反之，在保管，寄託人之債權人除可就保管之物件為強制執行或拍賣外，亦不受到有關信託財產抵銷限制等獨立性之限制。

五、有價證券運用信託

所謂有價證券運用信託，乃在有價證券之管理之外，以運用受託之有價證券，取得其收益為目的之信託。

至於運用方法，普通係將有價證券出租與第三人而收取租金，其對象為證券公司、證券金融公司、百貨公司、其他一般事業公司等。他們將所租借之有價證券作為向他人借款之擔保、延納稅捐之保證金、發行禮券之保證金及得標保證金等。

(一)委託人

委託人為官公廳共濟組合❷，農林系統金融機關，其他非課稅法人等，

主要係大量且安定地保有公司債之機關投資人。

(二)信託之公示

　　在有價證券運用信託，依特約原則上省略信託之公示。因信託之公示在與第三人之關係上，雖為保護信託財產之必要措施，但為達成運用於第三人之信託目的計，此時未必需要公示之故。

六、有價證券處分信託

　　乃以處分有價證券為目的之信託，有價證券因處分比較容易，即使不特別設立信託，仍可以代理達成其目的，故為了單純處分之目的，締結信託契約之情形甚為少見。現在作為管理並處分信託，只有在為保護公司內存款人而設立之公司員工存款信託（日文：社內預金引當信託）可看到其例子。

　　所謂「社內預金引當信託」，乃為了防止事業主破產或公司重整，致不能支付公司員工存款時，預定由事業主信託一定財產，俾於發生上開情形時，可由信託財產將存款返還予公司內之存款人。此種信託係以採用公司內存款制度之事業主為委託人及收益之受益人，而以公司內存款人為原本之受益人之他益信託。此種信託原本受益人因人數眾多，故設信託管理人，代受益人為信託財產之交付請求與其受領及存入等一切行為。又承受信託之際所受領之信託財產乃金錢時，為合同運用指定金錢信託，如為有價證券時，則係有價證券信託。向公司內存款人交付信託財產時，因需以現金行之，故在有價證券信託時，為了換成現金，須將信託財產之有價證券加以處分，以致自信託之形式言，屬於管理及處分有價證券信託❸。

第二節　我國之股票信託

　　在我國實務上，有價證券信託似多屬股票信託。據報導國內近年來股

---

❷　共濟組合，在日本公務員、教職員、職業團體之職員等多有此類組織，向成員收取一定保險費作為年金與健康保險給付之用。

❸　小林桂吉，《信託銀行讀本》，p. 197 以下。

票信託大幅增加，實務上股票信託似多採「本金自益、孳息他益」之方式，將股票信託而以股利歸受益人所有。於信託期間屆滿時，股票由委託人收回。如此直接將股利贈與受益人，可節省不少贈與稅。據云國內若干大企業負責人多設立此種信託，在績優傳統產業類股股票信託還成為減免贈與稅之利器。即一些高所得人家與公司大股東利用「股票信託」之方式，將股息移轉予子女或親友。如鴻海董事長郭台銘夫婦以股票設立信託，孳息歸員工取得，期滿後原信託的股票，仍歸郭台銘夫婦所有❹。股票管理信託，受託人可徵求出席股東會委託書，以支援委託人本身或所指定之人角逐公司之董事或監察人。

---

❹　依法令規定於信託成立時，須先計算孳息現值作為課徵贈與稅基礎。例如三年前孳息現值係按郵局一年期定儲利率 2.015% 計算，因此如實領孳息少於 2.015% 時，則不必繳納贈與稅。例如將當時價格 2,830 億元的股票信託，為期二年，成立信託時計算利益孳息共 110.7 萬元，小於現行每年 111 萬元，免贈與稅額度。如配股配息率為 10%，則兩年後子女共可領 566 萬元股票股利，亦即可全免贈與稅。尤其以子女為受益人之高配股配息股票信託較能享受到免除贈與稅的利益，但股價波動大，配股配息率低的類股，信託期間則不宜過長。參照《經濟日報》，95/2/10 B4，記者李淑慧報導。

第十五章　員工福利或持股信託

我公司法訂有員工分紅入股制度，目的在增進員工福利、促進勞資關係和諧、提升公司之生產力，而員工持股信託乃透過信託方法達到員工持股之目的。以下先就美國、日本之員工相關信託加以敘述，然後再探討我國情形。

第一節　美國之員工福利信託

一、利用信託之優點

在美國雇主雖可自當前公司盈餘或準備金支付予身體殘障或退休之員工，而且也可不經受託人介入，直接只與人壽保險公司交易，購買適合特定受益人需要之年金契約。但究以成立信託最為有利，理由如下：

(一)信託資金與公司資產完全分立

公司成立員工信託而不採自己營運方式，主要可使員工利益之資產與公司資產分開，以切實保護員工之利益。

(二)彈　性

在防止差別待遇與避稅之若干合理限制內，信託可作彈性安排，且可修改，以因應將來雇主與員工不能預見之需要。

(三)與社會安全利益結合

信託計畫可與社會安全利益 (social security benefit) 合一，致後者之增加可減少受託人自手中信託資金支付之數量。

(四)信託收入可全數用於員工

以免稅之收益經由再投資，可為員工創造相當之利益。

(五)產生高投資所得

在信託計畫下，投資產生之所得可能比其他計畫為多。

(六)可免付其他費用

可免付諸如附加費 (loading charges)、退職費用 (severance charges)、失效費用 (lapse charges) 或州對保險費之稅捐，唯一不可避免之費用是律師起草文件與設立計畫之費用及受託人管理該計畫之報酬。

(七)可獲得提早退休等之利益

在信託計畫下可提供員工提早退休或殘廢給付之利益。

(八)雇主對計畫可為不同之資助

雇主在一定限制內，可讓其每年資助之數額有所調整或波動，甚至在某一年不資助，而不致使該計畫不符合政府稅捐優惠之規定。換言之，可使雇主因應當前經濟情況，調整其資助數額。

(九)不必顧慮資助過多

如雇主資助超過支付員工或其遺屬之需，其超過部分可於下年度資助中扣抵，不致影響雇主之利益❶。

二、美國之員工福利信託

在美國有許多種員工利益計畫 (employee benefit plans) 係由信託加以經理。例如適格退休金與分紅計畫 (qualified pension and profit-sharing plans) 之資產，通常由信託加以保有或管理。人壽保險、醫藥保險及其他員工利益之管理亦然。此類信託種類繁多，且名目並不統一，極其複雜，以下僅能擇要介紹❷。

(一)員工利益信託

設立員工利益信託前，須有相關計畫 (plan)，將該計畫之管理與信託本身之管理加以區分，計畫由公司及管理委員會管理，而信託資金則由信託機構或保險公司管理。選擇信託機構而非個人作為受託人，主要在借重其管理投資之技巧與經驗。

---

❶　Stephenson & Wiggins, Estates and Trusts, p. 132 以下。

❷　美國大多數員工信託係受聯邦法律規範，因此這些信託之設立與運作通常亦受聯邦而非州法之規範。對這些信託適用特別稅捐規則，有別於 personal trust 所適用之稅捐。參照 Leimberg, et al., The New New Book of Trusts, p. 387.

在計畫管理上關切之重點係參與利益之員工資格、參與員工紀錄之保持、利益之決定、計畫條款之解釋等。通常雇用人保留修改或終止員工利益計畫之權❸。而受託人之職責為收取與保管員工所交金錢 (contribution)，並將資金投資，受託人有關投資與分配須遵照計畫經理人 (plan administrator)，即雇用人或雇用人指派之執行委員會之指示，因此時其主要義務係事務性 (ministerial)，不大需要裁量權❹。

(二)員工退休信託 (pension trusts)

1.退休信託有三種，第一是公司支付予受託人，由受託人依信託契約條款規定，立即自保險公司為參加之員工購買各別年金契約 (deferred annuity contract)。第二是公司交付現金或證券予受託人作為信託財產，由受託人將其加以投資，俟參加之員工到了退休年齡，受託人替他向保險公司購買個人年金契約。第三是公司交付現金與證券，受託人不購買年金契約而將其加以投資，於各參加員工到了退休年齡或殘廢時，依信託契約給付予員工。

對信託基金之捐助係根據獨立精算師之計算，他定期評估資金，使雇主對基金之捐助能配合真正支出與薪資及人事之變動。

2.退休信託又可分為員工對基金出錢 (contributory) 或不出錢。

(三)分紅入股信託 (stock-acquisition trusts)

1.公司通常基於下列目的之一成立分紅入股信託，即對服務優異之員工提供紅利 (bonus) 及讓員工購買公司之股份。公司可能撥一定數目之股份放在信託，依照信託文件規定，分配予服務優異或有特殊貢獻（含重要發明與發現）之員工。

2.分紅入股信託與利潤分配信託，除了設立目的不同外，前者使參加之員工取得公司之股份，而成為股東，而利潤分配信託雖也可能使員工取得股份（直接自公司或市場取得），但此種信託為數似並不多❺。

---

❸　Stephenson & Wiggins, op. cit., p. 304.

❹　Stephenson & Wiggins, op. cit., p. 298.

❺　McInnis, op. cit., p. 279.

3.退休信託與分紅入股信託不同：

(1)在退休信託，僱主資助之數目與公司利潤無關，而須依精算足供支應計畫給付之需，故給付之利益因各員工年齡、服務年資而有出入。反之，在分紅信託下，僱主之資助係來自利潤（通常為稅前），其數字因利潤之多寡及資助計畫之公式而不同。

(2)退休信託之利益通常只在退休、死亡或殘廢或終止僱傭關係時支付。反之在分紅入股信託，可在僱傭期中之一定場合，以現金支付。

(3)退休信託之利益通常自退休年齡開始以分期方式支付，而分紅入股信託之利益不乏全部支付之情形。受僱人在分紅入股信託不一定要分攤，但在不少退休信託要分攤，通常為一定比例之薪水，定期自薪水預扣❻。

(四)節儉儲蓄信託 (Thrift and savings plan trust)

公司亦可合併退休計畫與節儉計畫，以便基於員工自己積蓄與公司所提捐助，為員工提供更多退休利益。在此計畫下，員工可選擇他要出多少，此點與員工出錢之退休計畫不同。此種計畫常比退休計畫寬鬆，因可早數年歸屬，有時准許提回員工出資，又關於殘廢之規定亦較寬鬆，且於員工死亡時可享有所有利益❼。

三、美國員工信託之晚近發展

美國退休計畫雖然在二次大戰後，成長迅速，但政府甚少加以規範與介入，來保障員工之權利，五千萬以上工人由於離職，計畫終止，資金不足與不當投資管理下，有失去退休利益之危險。因此在 1974 年制定了「受僱人退休收入保障法」(Employee Retirement Income Security Act，簡稱 ERISA)，該法規定參加人及其受益人之權利、保障、擔保等。其後該法又經不少立法加以修訂補充。

雇主對員工利益計畫之補助，為了能符合稅捐減免之條件，該計畫必

---

❻ Mclnnis, op. cit., p. 281 et seq.

❼ Mclnnis, op. cit., p. 278.

須符合 ERISA 與國稅局等相關法令所定之規則，亦即享有稅法優惠之退休計畫必須符合下列條件：

㈠退休計畫必須完全為員工之利益，不可包括非員工在內。

㈡計畫之資金不可用於提供員工利益以外之目的（如借錢擴充公司設備）❽。

㈢應對所有人公平，不可有差別待遇（不可有利於高所得或某一組群 (group) 之人員，例如高級職員）。

㈣計畫之設計與維持須有永久性。

㈤須補助與利益保持一定限度。

㈥對員工透露計畫重點與提供簡要年報。

㈦除了員工利益計畫只按保險契約（即人壽、醫療與殘廢計畫）辦理外，員工利益計畫之資金須由受託人保管。受託人須具有提供或監督投資活動與履行及確保遵守 ERISA 及相關政府機構法令之技能，投資又須審慎（由信託部為之）❾。受託人可僱外部投資管理人（限於銀行、保險公司與投資顧問）。

㈧須參加「退休金利益擔保公司」（Pension Benefit Guaranty Corporation，簡稱 PBGC）保險，於計畫終止或資金不足支付員工已到期利益時，保障員工之退休金利益。

㈨參與員工法律上有權在退休或更早，受領已到期之利益，即保證員工收到雇主捐助與賺錢之一部或全部❿。

---

❽　在退休金信託，如雇主對受託人有若干控制（如任命受託人），則信託之金錢可能被雇主取走，用在不正當目的或受益人不同意之目的，例如將信託基金用來購買雇主公司之股份，或提供利益予雇主之公司。英國曾發生 Daily Mirror Pension Fund 四億二千萬英鎊不見之情事。參照 Edwards & Stockwell, op. cit., p. 50。

❾　成立與維持退休計畫之重要成員是受託人、投資經理 (investment manager)、精算師、管理人 (administrator) 及法律顧問。

❿　Gregor, Trust Basics, p. 201 et seq.

第二節 日本之員工持股信託

一、意 義

日本之員工持股信託（日本稱為從業員持株信託）乃加入員工持股會之員工（委託人兼受益人），為了取得與管理本公司股份之目的，按月將一定數額的金錢信託與受託人（信託銀行），受託人依照其目的購進股份，加以管理，以及為員工之入股計算，於信託終了時，將股份按其現狀交付予受益人（員工）之信託。於承受信託時之財產雖是金錢，而交付予受益人之信託財產是股份，故係相當於金錢信託以外之金錢之信託❶。

二、構 造

欲取得本公司股份之員工，加入員工持股會（任意團體），每月交出一定數額，公司通常對員工所支付之金錢，交付一定比率之獎勵金作為配合款，此獎勵金與員工所出之金錢一併信託予受託人。公司之獎勵金在企業方面作為費用處理，可認為虧損，而員工作為給與所得要課稅。

三、信託之當事人

㈠委託人（兼受益人）

為實施企業之員工及該企業出資比率 50% 以上之子公司之員工而加入持股會者。員工加入持股會與否屬於當事人之自由，且加入之條件一般亦頗為寬鬆。

---

❶ 日本之員工持股制度並非出於法令之強制，雖無國家之助成（例如非課稅制度），自昭和 40 年左右由各企業開始採用。在平成 9 年 3 月末，有 2,238 家公司實施，相當上市公司之 95.7%。實施公司之從業員之 45.8%，有 249 萬人加入，其持股數有 569 萬單位，相當於上市股份總數之 1.19%（依據日本全國證券取引所協議會之調查）。員工持股制度乃任意制度，故可為彈性之營運，但公司如恣意的處置與過度之干涉，亦會發生降低員工士氣與產生勞動法、稅法與商法上之問題。

㈡受託人

信託銀行二家以上共同受託亦屬可能。

㈢持股會

在員工持股信託有特色之機構乃持股會，由公司為了調整員工、公司與信託銀行間之利害而設立，作為員工、信託銀行與公司間之統一視窗，具有重要作用，但非信託契約本身之當事人。

員工須在持股信託契約之前，加入持股會。持股會乃由加入之員工所組成之任意團體，惟無法人人格。通常由公司之人事部長等人，擔任理事長。理事長按持股會之規約，作為加入員工之包括的代理人，行使對公司與信託銀行之共益的權利。由此多數契約之相對人被單一化。持股會又代理員工辦理入退會，獎助金之授受、信託金之集中，各種申報、信託財產之交付，或代表員工等事務，在制度之營運上擔當中心之任務。

加入持股會之資格，亦有公司基於經營方針與事務負擔等考慮而設有限制者。理事通常依規約由會員選任。若該公司之董事成為持股會之理事時，有抵觸日本商法上之忠實義務，董事與公司間之交易等之虞，而應加以避免。

四、信託契約之締結

持股信託乃以各別員工作為委託人兼受益人，與信託銀行間各別訂立之契約，而證書按持股會規約不個別作成，由包括代理人之持股會理事長一括作成全體會員份後蓋章。

五、信託金

委託人每月領薪或發獎金時，自給與中扣去一定數額（普通為一口（一單位）1,000 圓之整數倍）加以信託。持股會辦理全體會員信託金之集中與交付信託銀行之通知等。在任意制度下之持股信託，其累積並非法定要件，故中斷與中途解約，只要持股會規約准許，係屬自由。

六、獎勵金

關於獎勵金，法律上雖無限額，但日本商法規定：「公司關於股東權利之行使，不得對任何人供與財產上之利益」（第 294 條之 2 第 1 項）。又「公司對特定股東無償供與財產上之利益時，關於股東權利之行使，推定為已有供與」（同條第 2 項），須加留意。

七、特　色

員工持股信託之特色如下：

(一)乃金錢信託以外之金錢之信託

員工當初信託之金錢，於滿足預先所定條件，或於信託終了時，受領本公司之股票，但單位不滿之股份，以金錢交付，或由員工追加交出與單位股份相當之金額，於達到一定單位後領取，或移交予新近實施之股份累積投資制度。

(二)乃特定運用

以信託基金取得之對象，須限於本公司（甚至關係企業）之股份，不能用以取得其他公司之股份。受託人以員工之信託金與公司所出之獎勵金，每月在一定日期，購買持股會所定本公司之股份。

(三)乃合同運用

由員工與信託銀行之間分別締結信託契約，而將其信託基金與其他員工之信託基金合同用於買取本公司之股份。各員工按信託金比例，就買取之本公司股份成為受益人。取得之本公司股份，雖歸受託人合同管理，而各員工就本公司股份，有基於嚴格之分別計算之權利。

(四)委託人有共同關係

加入信託之員工以買取本公司股份之共通目的，加入持股會，受其規約之拘束，股東議決權等之受益權，不能由各股東單獨行使。如此在各委託人之間具有共同之意思，乃此信託之特色，而作為此窗口之機關乃持股會。

八、股份之購入

受託人自委託人（會員）為購入本公司股份之信託金，依ドルコスト平均法購入該股份❶，取得之股份以受託人名義，一齊加以保管管理。

九、增資新股之認股

在增資新股之要約期日前，接受信託。將全體會員所認之股數一齊繳納，然後將由此新取得之股份，按追加信託金歸屬於各會員。

十、信託財產及其損益之歸屬

用信託金錢，以合同方式買下之股份，於每次取得股份時，須按各自會員受託之金額分別歸屬。例如會員甲當月信託金為 1,000 元，全體會員信託金合計為 200 萬元，取得股份為 5,000 股時，則甲之持股為 5,000 股 × 1,000 / 2,000,000 = 2.5 股。由於證券交易所之交易單位元為 1,000 股，員工單獨不易買下本公司股份，如依此合同方式，則可以少額取得交易單位元以下之股份。

不屬於會員之零星股份於帳目加以保留，與下次購入股份合併再來分別計算。

信託銀行收到之信託金，透過一年二回之持股會，將其明細書通知各受益人。

十一、議決權之行使

為信託財產之股份之議決權之行使，依持股會規約所定，由會員代表之持股會理事長指示受託人。如有議決權行使之指示時，信託銀行須從其指示❶。

---

❶　所謂ドルコスト平均法，乃在一定時期，以一定金額買進一定名稱股份之方法，股價高時，能購入之股數少，股價低時，能購入較多之股數，能使平均買進之價格為之降低之方法。

十二、信託報酬

信託報酬分為委託人另行收取與自信託財產收受二種。報酬亦分為按信託原本之比例與每年定額（不問累積多少，為一定額）兩種。

十三、股份之提取

如有會員聲請提取信託財產時，如會員持份達到單位股份，則受託人依原本一部解約之方法，交付股票（金錢信託以外之金錢之信託）。惟依持股會規約，亦有即使不待會員之申請，於達一定股數（例如單位股）時，交付股票予會員之例。

十四、信託之終了

信託因會員自持股會退會、退職等原因而終了。此時受託人將股票及未買取之剩餘資金交付予委託人。因此時未滿單位之股份不能以現物交付，故改以時價折算現金後支付。又平成 6 年 5 月起對未滿單位股份，以利用股票等之保管劃撥（振替）制度為前提，可移交於平成 5 年 2 月起開始施行之股份累積投資制度❶。

第三節　我國之員工持股信託

我國實務上亦有員工持股信託，據云員工分紅入股在國內首先由中國信託投資公司所採用，後來在科技業與金融業亦頗為流行。金融業辦理員工福利儲蓄信託較為知名的有中華開發金控、遠東銀行、富邦金控及中國

---

❸　取得或擁有股份作為金錢或有價證券信託之信託財產，及委託人或受益人議決權之行使，受託人能為指示時，不適用日本金融機關股份持有之限制（在信託銀行，為已發行股份總數之 5% 以下）。即關於持股信託，由於持股會會員（委託人與受益人）行使議決權，故不牴觸日本獨占禁止法之限制。參照田中、山田，前揭，p. 152。

❹　三菱銀行，《信託の法務と實務》（三訂版），p. 606。

信託商銀。若按公司對員工獎勵的方式加以區分，持股信託主要有「薪資提撥型」、「分配股票型」、「庫藏股票型」、「員工認股權證型」、「認購權證型福利儲蓄」等種類。持股信託或由員工提撥薪資購買股份，或由公司以獎金、分紅配股、庫藏股、發行認購權證等方式（認購股權憑證只需繳權利金，成本較小，槓桿效用較大，但無法獲得股權所擁有的投票權）辦理。當然在員工持股信託，員工參與之程度會受公司股價波動之影響❺。

員工持股信託制度

認股方式	認購權證	股票分紅	庫藏股轉讓	員工選擇權（公司分配庫藏股）	員工選擇權（公司發行新股）
表決權	無	有	無	無	
股利分配	無	有	無	無	
稅負	權利金課所得稅	依面額課稅	無	依價差課所得稅	
權利價值風險	有（風險為無執行價值）	低	有（風險為無認購價值）	有（風險為無執行價值）	

資料來源: 中國信託銀行

---

❺　員工持股信託亦可作為反併購工具，因在公司經營權爭奪戰中，每張股票都可能影響戰役的成敗。在併購頻繁的金融業，員工由於持有股票，也介入此種戰役，即由投票來支持或反對公司經營階層，而公司經營者能否化解併購之危機，可能有賴於員工的支持。又在經營權爭奪戰時期，有錢未必能買到相當於1%股權的委託書。報載前數年建華金控何壽川（建華金最大股東）與洪敏弘（建華金前董事長）大戰時，委託書一張叫價高達新臺幣八十元到一百元，若以建華金在外流通股數三十七億股計算，1%的股權以委託書方式徵求，成本需三百萬到四百萬元，當時建華銀行方面雖全力徵求委託書，最後仍敗給在股權代理有經驗的建華證券系統。因此若有穩定性較高的員工持股在手，其價值會遠超過徵求委託書的不確定性。參照中信銀法人信託部經理陳輝慶於某研討會發表之論文，又參照《工商時報》，94/10/11 A8，記者胡采蘋報導。

第十六章　表決權信託

第一節　美國法上之表決權信託

一、表決權信託之意義

表決權信託 (voting trust) 係美國法之特殊產物，在彼邦極為普遍，一方與公司法息息相關，他方又是一種特殊之信託制度，其產生係由公司二個以上股東，將其對股份之法律上之權利 (legal title) 包括股份之表決權，在一定期間內，以不能撤回之方法❶，讓與由此等股東所指定之表決權受託人 (voting trustee)；由受託人持有此等股份並行使其表決權❷，股東則由受託人處受領載有信託條款與期間之信託證書 (trust certificate)，以證明股東對該股份之衡平法上之權利。此項信託證書可以讓與，持有人於信託終止時，可請求受託人將股票返還。公司於分派股息時，應向受託人支付，而受託人將股息於扣除管理信託之費用後，以餘額交付於信託證書之持有人。此種信託乃將股東對於公司之控制權集中於一個或數個之受託人，使受託人透過董事之選舉或其他方法，以控制公司業務之一種法律上手段。

二、表決權信託之社會作用

表決權信託之用途甚廣，分述於次：

㈠確保公司管理之安定與賡續

在許多對外公開發行之公司，股份係由許多並無控制力量的股東所持

---

❶ 如股東保持隨時請求受領股東之權，或取得空白委任，使他們自己有權參加表決時，則此種契約係可撤回的 (revocable) 授權而與此處之表決權信託有別。

❷ 有時表決權受託人為了獨占之目的，持有兩個以上公司之股票，例如過去美國之 Standard Oil Trust，由於利用信託之方式，其結果美國後來之反獨占立法通常被稱為反托拉斯法 (antitrust laws)。

有，由於董事會董事須定期改選，公司管理階層可能發生變動，而董事會成員一旦改變，必然導致公司政策之更易，為了使公司管理當局保持不變，俾能形成長期管理計畫起見，許多股東可以成立一個表決權信託，由受託人就公司事務集體行使他們所持有股份之表決權，藉以維持股東所建立的若干公司政策，並使若干適任的董事連選連任。

在成立新公司時，原始發起人 (promoters) 可以經由成立表決權信託之方法，控制公司的管理，直至公司業務步入正軌，且有能力維持一定之盈餘為止。發起人可以表決權信託證書對外籌措所需之資本，而不必發行有表決權之股份，使新公司在草創時期，在管理方面能齊一步調，集中事權，而免股東意見紛歧之弊。

(二)保障債權人貸款之償還，而協助公司之重整

當公司財務困難，面臨破產邊緣時，公司需要其他資本，避免破產或資助其擴充之計畫，但原有公司債權人與融資機構為顧慮投資無法收回起見，往往不願再貸放金錢與該公司，除非對於該公司之管理與政策能取得某種控制權，以確保投資之安全。在此情形，公司之股東為實現公司重整計畫，俾債權人要求之保障，與股東之利益兼顧起見，理想的方法厥為成立表決權信託，使殷實可靠之人管理公司業務，以確保管理之健全與政策之正確，其方法係將股份移轉於公司債權人或其他可為債權人接受之人，由其充任信託之受託人，行使此等股份之表決權，直至公司業務穩定，所舉債務償清為止。

(三)防止其他相競爭之公司獲得本公司之控制權

當公司發行新股，或於其他競爭之公司買取本公司舊股，而獲得發行公司之控制權時，原有之股東可以設定表決權信託，保護自身之權益。此種表決權信託可使原有股東取得統一之表決權，且可將他們持有之股份自公開市場收回，而使競爭之公司只能獲得無表決權之信託證書 (non-voting trust certificates)。

(四)保護少數股東

在大公司，公司之事務往往為大股東所操縱，小股東勢單力薄，無法

與其抗衡，但可利用信託之方法聯合起來，對抗大股東之壓迫，保護自身之權益，甚至可由此獲得公司事務之控制權。美國法院將小股東單純用來控制公司之表決權信託解釋為無效，其根據為公司應歸大股東控制與管理，但另一方面，法院也承認小股東需要某種途徑以保護他們的權利，而表決權信託乃是一種聯合小股東表決權，而達到此種目的的正當手段。如對於某信託之成立，當事人具有正當理由，諸如維護某種財產利益，或為實現有利於公司及其他股東利益之政策，則法院會承認該表決權信託之合法性。反之，如設立信託之唯一目的只是聯合股東把持公司事務以牟私利，而置其他股東之利益於不顧，則此種信託將被法院宣告為無效。

惟在不對外開放之家族式公司 (close corporation)，小股東為保護自身利益而成立表決權信託時，則法院可能認其為有效。蓋因此種信託可使各股東對於公司之管理有表達意見之機會，且在公司只有寥寥數人持有股份時，則大股東極可能操縱公司全局而無視其他股東利益之故。

㈤可於公司合併時為原公司對新公司保留支配權

表決權信託可使公司在吸收合併 (merger)、創設合併 (consolidation) 或公司併購後，原公司對新公司仍保有相當程度之支配權。例如 A 公司欲合併一小型之 B 公司，由於 A 公司將持有合併後公司之百分之五十以上之股權，B 公司之股東唯恐被 A 公司取得合併後之控制權，此時透過表決權信託，於特定期間分配可行使之表決權，可能為說服 B 公司股東之必要設計。

㈥確保公司經營之專業

公司之發起人欲於其身後，將公司之經營權保留予其家族，然因缺乏稱職或有興趣之親人接任時，發起人可將其股份設立表決權信託，以專業公司經營者或公司經營者連同家族成員為受託人，以家族成員為受益人，由受託人透過表決權，掌握公司之經營方針，以確保公司經營之專業。此種作法，在公開發行之公司甚為普遍❸。

---

❸　Hamblen v. Horwiti Theatre Co., Inc., 162 S. W. (2d) 455. 大股東有權控制與管理公司之事務，且可以表決權信託及其他方法達到此種目的。但少數股東欲利用表決權信託控制公司事務時，此種表決權信託在法律上是否有效，則不無問題。依據

三、反對與贊成表決權信託之理由

美國法院及學者對於表決權信託，應否採用，有正反兩說：

㈠反對表決權信託之主要理由

1.表決權信託剝奪了股東實施判斷並為全體股東之利益而參與表決之權利，違反其對其他股東所負之義務。

2.在表決權信託，公司之控制權操諸無直接金錢利益之人之手中，且董事不由股東而由受託人推選，乃違反公共政策。

3.表決權信託可使大多數股東受到少數股東之控制，而與公司管理之基本宗旨有違。

4.受託人可能將其權力用於壓迫或詐欺之目的。

㈡贊成表決權信託之理由

對於上述之攻擊或反對，有人辯護如下：

1.受託人濫用控制公司事務權力之事例不多，事實上在表決權信託，受託人之責任比起散漫之個別股東更為集中。

2.表決權信託可以維持公司和諧之管理與深思熟慮之政策，從而較能獲得公司債權人與投資人之信賴。

3.公司內部常有派系與投機人士為爭取控制權而傾軋鬥爭，此種現象可利用表決權信託之制度予以避免。

4.在選任適當之董事方面，受託人比一般股東更為熱心努力。

5.主張股東對其他股東負有行使表決權以促進公司福利之義務，以及親自實施其判斷之說，缺乏根據與不切實際❹。

學者之說法，表決權信託可分為四大類：(1)不涉及少數股東控制公司之情形，(2)涉及少數控制，但係為了達成社會上有益之目的，(3)用以實現違法之目的，(4)純粹少數控制。學者以為：前二類之表決權信託通常為有效，第三類應屬無效，至第四類在若干州為制定法所許可。

❹ 在美國法，一般認為股東與公司或其他股東之間並無信賴關係 (fiduciary relations)，可以任何對其本身最為有利，但對公司或其他股東不利之方式行使其表決權。參照 United States Steel Corporation V. Hodge, 64 N. J. Eq. 807, 54 A. 1, 60

6.論者以為受託人對於公司事務僅有單純之法律上權利，並無充分之個人利益，因而比起股東易於忽視投票之責任，此說亦欠缺根據。因在規模龐大之公司，股東之表決權實際上並無重要意義，股東往往不注意公司業務，亦未必參加股東大會選舉董事。事實上公司之董事與其他高級職員 (officers) 可因取得代理權 (proxies) 而永久控制公司事務，故表決權信託將責任與表決權集中於數人之手，並無不當。

四、表決權信託之缺點

依據制定法所成立之表決權信託，存續期間短暫，交付信託之股票如數量眾多時，移轉稅及其他費用，可能為數不貲。而且信託成立後，股票之讓與人喪失股東身分，對公司簿冊無權檢查❺，對於公司業務亦無權加以過問。雖然原股東可以信託證書持有人之身分檢查受託人之簿冊，但對於公司而言，則須仰賴受託人。此外除受託人有行為不檢或信任義務不履行外，委託人不能將受託人解任。而且除預先保留撤回權外，嗣後亦不能將信託予以撤回 (revoke) 或終止 (terminate)，為表決權信託美中不足之處，故目前在控制公司事務方面，此種信託之利用已不如過去流行。

五、表決權信託在法律上之待遇

美國早期法院之見解以為表決權係法律為保護股東在公司利益之手段，因此股份之表決權與其他股東權應歸屬於股東一身，不能分割。表決權如由局外人行使，則因其與公司並無利害關係，可使公司與股東俱受其害。

但由於近世紀以來，美國立法機關與法院已覺悟到昔日欲將所有股東於同一時間集中表決，以實現其個人判斷之說，不切實際，以為表決權信託有效與否，主要視其目的如何而定。如當事人成立信託之目的係以合法

L. R. A. 742.

❺　在制定法無明文之場合，信託證書之持有人在法律上無權強制公司允許其檢閱公司之簿冊，但其可在衡平法訴訟 (action at equity) 上以衡平法上所有人 (equitable owner) 之身分而達到同樣結果。

方法，促進所有股東之利益，實現對公司有利之特定政策，則通常為有效。

今日在美國幾乎有過半數的州通過制定法，承認表決權信託。雖然各州制定法之規定出入甚多，但大多數明文限制表決權信託之存續期間為十年，規定股份之所有權須在公司名簿 (books of the corporation) 上為合法之移轉，且須將信託契約向公司登記有案之營業所及州政府官員報備。有幾州甚至規定表決權信託必須對外公開，即准許公司所有股東與該信託原始之成員在同等條件下，參加該信託。

六、表決權信託之設立

㈠程　序

通常須由表決權受託人與欲成為當事人之股東❻，有時甚至連同所屬之公司，締結表決權信託契約。由股東將股票移轉於受託人，登記於公司股東名簿，並註明表決權信託字樣，俾受託人成為記錄有案之股東。然後由公司發給受託人新股票，通常載有適當之記號（以免股份流入惡意買受人之手，而不受表決權信託之拘束），同時由受託人簽發表決權信託證書 (voting trust certificates) 交付股東，與股票交換。

又制定法往往規定表決權信託契約訂立後，須提交（因此暗示須作成書面契約）❼於登記有案之公司主事務所或受託人，且須供表決權信託證書持有人及其他股東閱覽。

㈡表決權信託之設立人

表決權信託通常係由公司之股東所設立，任何股東，不問公司抑個人，都可成為表決權信託之當事人。與通常信託，可由創設人單獨設立不同，表決權信託至少須有二人以上。

---

❻　表決權信託不因該契約當事人之一股東，被指定為該契約之受託人，亦不因其乃經手草擬契約，且要求其他當事人簽名，而罹於無效。參照 Holmes v. Sharretts, 228 Md. 358, 180 A. 2d 302, 98 ALR 2d. 363.

❼　事實上在紐約此項表決權信託契約須作成書面。參照 N.Y. Business Corporation Law §621.

㈢存續期間

通常表決權信託在其目的被實現或已無法達到前，非經所有當事人互相合意，不能撤回 (irrevocable)。但也有訂有存續期間者，如加州公司法。

㈣表決權信託契約之內容

表決權信託只要目的不違法，內容原則上可由當事人自由訂定。通常包含下列條款：

1. 當事人之姓名。

2. 表決權信託可由所有有表決權之股東或某一特定範圍 (class) 之人加入。

3. 將股份移轉於表決權受託人。

4. 發行並交付形式上與股票類似之表決權信託證書於將股份交付信託之股東。

5. 表決權信託證書之移轉性；將移轉情事登記於表決權受託人或其指定人或其代理之登記簿內。

6. 交付信託之股份須用受託人或其指定人 (nominee) 之名義。

7. 受託人之表決權，或對公司之任何措施予以同意、受領股利 (dividend) 及行使完全所有人 (absolute owner) 所有之權限。

8. 受託人權限之限制。

9. 股利。

10. 證書持有人之會議。

11. 表決權信託之期間與終止。

12. 受託人踐履職務之方法，又代理 (proxy) 及代理人 (agent) 之規定。

13. 受託人責任之限制。

14. 在與公司交易方面並無能力限制；雖有信託關係存在，受託人仍可充任公司之董事或以其他方法與公司為法律行為。

15. 辭任與繼任人之指派。

㈤表決權信託證書

表決權信託證書 (voting trust certificate) 係表彰委託人移轉與受託人之

股份及嗣後分配股息。證書持有人基於此項證書可按比例分派公司對表決權受託人所支付之任何股息（現金或財產），於表決權信託終止時，並可以該證書換回先前託付受託人之股票。

表決權信託證書與股票相似，通常可以證書持有人之名義登記。此種證書除有有效移轉之限制外，與股票相同，可在類似情況下讓與流通。表決權受託人通常設置表決權信託證書登記簿，此項簿冊一般可由信託證書之持有人，甚至其他股東閱覽。

七、表決權受託人之權限與義務

㈠權　限

表決權信託設立後，受託人成為名義上之股東，通常可於選舉董事時行使表決權，且可以其他方式行使該被信託股份所享有之通常表決權。至於可否對於特殊事務行使表決權，視有關制定法及表決權信託契約規定而定。但受託人不能投票破壞信託，或對被委託之股份表決權發生不利影響，亦不能就公司資產之出售或公司之解散進行表決。

同時法院認為在表決權信託契約上，以空泛之文字規定表決權受託人有權就受託之股份表決且予以任何同意之規定，不能解釋為包括就公司之解散、公司所有資產之出售或公司股份之銷除予以同意之權。如契約訂定受託人於授權任何行動前，須先徵得原股東之同意時，則該信託可能被解為消極的信託，只能成立單純可撤回之委任 (revocable agency)。又信託契約亦應訂明：受託人於徵得受益人過半數之同意，對特定事項表決時，究竟有權就該表決權信託所有之股份加以表決，或只能就同意之受益人之股份行使表決權。

如同一般信託，表決權受託人不止一人時，其職務之行使，通常可以多數決定之❽。

㈡義　務

---

❽　關於表決權信託之詳細介紹，可參照楊崇森著，《信託與投資》，正中書局，p. 131以下。

受託人在執行職務時，負擔通常受託人之信任義務 (fiduciary duties)。即使信託文書上對受託人權限之授與並無實質之限制，受託人仍對受益人負有共同及單獨管理信託之義務。受託人如違反信託義務時，由於受託人係對持有人而非對公司負擔義務，任何蒙受損害之證書持有人可直接控告受託人，而且為牟私利而違反信託之受託人，可能須依照有關受託人與受益人間之一般原則，對股東就其違反義務，運用公司資金不當，負填補 (account) 之義務。又受託人信任 (fiduciary) 義務之違反，亦可能構成表決權受託人解任或信託契約失效之原因。

深度研究　紐約州公司法關於表決權信託之規定

時至今日，美國許多州為了因應經濟上之需要與公司經營之實態，已紛紛以制定法 (statute) 對表決權信託之制度加以承認與規範，茲以紐約州現行公司法 (New York Corporation Law) (1965 年 9 月 1 日修訂) 為例，將其有關表決權信託之規定迻譯如次，以覘美國有關表決權信託法制之一斑。

第 621 條：表決權信託契約 (voting trust agreement)

一、任何一個股東或多數股東，為了賦與其對股份之表決權起見，可以書面約定，依照該契約所定之條款，於不超過十年之期間內，將其股份移轉於一個或數個表決權受託人，上開被移轉股份之股票應繳交公司註銷，並發給新股票於受託人，指明此等股票係依上開契約而發給，且在公司紀錄之股份所有權一欄上亦應載明此項事實。受託人於此項契約所定期間內，得對所移轉之股份行使表決權。

二、受託人應於其事務或契約所定場所或於表決權信託證書持有人被書面通知之場所，備置有關信託之正確完整之簿冊與帳目，列有所有表決權信託證書持有人之姓名地址，各人持有證書所表彰股份之數目與種類，及其成為股份所有人日期之紀錄，以供表決權信託證書持有人查閱。

三、上開契約之複本應提交公司事務所。對於該複本及表決權信託證書持有人之紀錄，如同第 624 條所定公司之紀錄，記錄有案之股東或表決

權信託證書之持有人有權親自或由其代理人或律師加以查閱。股東或表決權信託證書持有人享有該條所定之各種救濟權利。

四、於上開表決權信託契約原定期間或經依本項之規定延展一次或數次後屆滿前六個月內之任何時期，表決權信託證書之持有人得以書面契約，將此項表決權信託契約之存續期間予以延展，並指定原受託人或另派新人於不超過十年之期間內為其受託人，此項延展契約不影響非該契約當事人之權利或義務，且在各方面應遵照本條關於原始表決權信託契約之各種規定。

第二節　表決權信託在我國

如上所述，表決權信託在美國有悠久歷史，各州立法皆將此種信託規定於公司法，因此適用對象廣泛，而發揮多種功能。惟在我國表決權信託對國人仍相當陌生：

一、我信託法對表決權信託尚乏規定，此次我新信託業法規定：「信託業之信託財產為股票者，其表決權之行使，得與其他信託財產及信託業自有財產分別計算，不適用公司法第181條但書規定。信託業行使前項表決權，應依信託契約之約定。」（第20條之1）

二、公司法亦無有關表決權信託之規定，僅在第177條就代理出席股東會規定：「股東得於每次股東會，出具公司印發之委託書，載明授權範圍，委託代理人，出席股東會。除信託事業或經證券主管機關核准之股務代理機構外，一人同時受二人以上股東委託時，其代理之表決權不得超過已發行股份總數表決權之百分之三，超過時其超過之表決權，不予計算。一股東以出具一委託書，並以委託一人為限，應於股東會開會五日前送達公司。委託書有重複時，以最先送達者為準。但聲明撤銷前委託者，不在此限。」即依該條規定，股東應於每次股東會出具委託書，載明授權範圍，且不得為一次長期之授權。又股東得任意撤回其授與之代理權，親自行使其表決權，或委託他人行使。

由於表決權信託具有多種功能，並非皆可由委託書制度所取代。且委

託書須於每次股東會召開前募集，耗費人力、物力太大，若長期屢次為之，負擔更為沉重。況表決權信託係由股東將其對股份之法律上權利包括股份之表決權，在「一定期間」內，以「不能撤回」之方法，讓與於指定之受託人，由受託人持有此等股份並行使其表決權，故上述公司法第177條之規定與美國流行之表決權信託，不無出入。因此似宜在公司法明文承認表決權信託，自其設立目的個案判斷其合法性，不可僅因其與公司法第177條之規定內容不一致，而一律否定其效力，否則股東亦可透過股票信託之手段，達成表決權信託之目的，規避法律之規定。

三、我國為排除現行公司法及證券交易法等法律對於企業合併收購之障礙，於91年通過企業併購法。該法第10條就表決權信託有如下規定：「公司進行併購時，股東得以書面契約約定其共同行使股東表決權之方式及相關事宜。公司進行併購時，股東得將其所持有股票移轉予信託公司或兼營信託業務之金融機構，成立股東表決權信託，並由受託人依書面契約之約定行使其股東表決權。股東非將前項書面信託契約、股東姓名或名稱、事務所或住（居）所與移轉股東表決權信託之股份總數、種類及數量送交公司辦理登記，不得以其成立股東表決權信託對抗公司。」❾

惟該條就表決權信託之成立要件、有效要件、設立程式、表決權信託證書、存續期間等相關事項，尚乏明確之規範，適用上不免滋生疑義，似宜參酌美國立法與實務，作更完整與明確之規範。

四、總之，表決權信託具有多種功能，不宜將其侷限於企業併購時方有適用，而應在公司法予以承認。若顧慮此制度有被濫用之虞時，大可由

---

❾　其立法理由謂：「我國現行公司法並無明文承認股東得成立表決權信託 (voting trust)，但為鼓勵公司或股東間成立策略聯盟或進行併購行為，藉由書面信託契約之約定成立股東表決權信託，透過受託人行使表決權而有一致之投票行為，擴大影響公司決策力，對於公司形成穩定決策有所助益。再者，股東表決權之行使，係屬股東自益權之一種，股東有自行處分之權利，並受憲法第15條財產權之保障，自無不許股東以書面信託契約成立股東表決權信託而共同行使，以強化該等股東參與公司決策之理。」換言之，該條立法旨趣乃在透過受託人集中統一行使表決權，強化股東參與公司決策之機會，擴大股東對公司經營之影響力。

法院就表決權信託之設立目的，個案加以判斷。此外，亦可仿照美國法規
定公司須將有表決權信託之情事公開，俾強化對股東或第三人之保障❿。

---

❿　吳綺恬，〈股東會表決權行使之研究——以表決權信託與表決權拘束契約為中
　　心〉，臺北大學碩士論文，91 年，p. 99 以下。

第十七章　浪費者信託與扶養信託

第一節　浪費者信託

一、浪費者信託之意義

在美國有所謂浪費者信託，值得注意。所謂浪費者信託，通常係指委託人成立信託之目的，除了以資金供受益人生活之用外，也為了防止由於受益人不慎或浪費，或財務管理不善，致耗費財產的危險。其主要內容係禁止受益人將其信託上之利益（受益權）自動讓與他人，或被受益人之債權人取得。即除規定受益人對信託將來之收益或原本享有權利外，同時規定受益人將來收取此等給付之權利，不可移轉與他人，或為了清償債務，被債權人扣押執行。最常見之機制，是在信託文件內加入所謂「浪費者」(spendthrift) 條款，例如規定：「本人之信託受益人之利益，不問信託收益或信託原本，不得讓與或循法律程序予以扣押。」(The interests of my trust beneficiary, whether in trust income or trust principal, shall not be capable of assignment or seizure by legal process.) 凡載有此種條款之信託，法律人稱為「浪費者信託」(spendthrift trusts)，目的在防止受益人自願性之讓與及防止債權人扣押其受益權。

請留意，浪費者信託之受益人無需是真正浪費者或身心異常或無能之人，且設立浪費者信託之目的，並非限制受益人自受託人收取收益或原本之後加以花費，亦非限制受益人之債權人在受益人自受託人受領收益或原本之後，不得取去信託收益或原本；而在防止受益人由於讓與將來收取收益或原本之權利，動用信託之收益或原本，或防止受益人之債權人企圖扣押此等權利❶。

假設甲的老母乙，深愛其子，且知他不會出錯，如將她所有幾千萬元

---

❶　Bogert, op. cit., p. 150.

財產直接留與甲，則甲的債權人能在甲受領該財產時，扣押該財產。但如乙設立浪費者信託，賦予受託人（其子以外之人）按受託人認為適當之數量，分配信託收益與原本予甲，該信託將在甲生存期間存在，且於甲死亡時傳給甲之子女，當較有意義。

因在此種信託，如何分配財產，完全視受託人之裁量而定，甲不能強制受託人分配任何財產予甲，甲的債權人亦不能強制受託人分配甲的財產，因他們的權利並不比甲為優。其結果，信託資產可完全得到保護，當然在信託收益或原本真正分配予甲之限度內，甲的債權人可對實際分配之金錢主張權利。

解決此問題之一種對策是將甲的母親，包括甲的妻子，作為有裁量權的信託之受益人，只要在債權人執行威脅存在期間，受託人可將信託收益與原本分配予甲的妻子。如甲與債權人之問題消滅，則不必防止受託人行使裁量權，可將整個信託原本分配予甲，從而使該信託終止。

此種安排對甲固然很理想，但沒有有錢老母之丙與丁，可否為了自己利益，將資產移轉予浪費者信託，以防止資產被債權人執行？答案是否定的，且不問信託成立之動機如何，或是否有清償能力。例如紐約州制定法與大多數州法明定：「為了委託人自己使用之信託處分行為，對委託人現行或嗣後之債權人無效。」

當委託人為自己利益設立信託時，一般原則是委託人的債權人即使在未真正分配信託收益或原本前，亦可扣押依信託文件可分配予委託人的最大數額。因此如甲而非其母，設立上述信託時，其債權人可扣押整個信託，因受託人有裁量權，可隨時分配所有信託收益或原本與他。

這並非意指浪費者信託對丙、丁之類人物無益，只要委託人在整個信託財產不保留任何利益，則對他們仍可能非常有用，例如假定丙設立信託，規定所有收益應每年分配給丙，但原本只能依受託人之裁量分配予丙的太太與子女。在這種信託，丙的債權人只能對信託收益加以扣押，因受託人並無裁量權分配信託原本予丙，更進一步如丙對信託收益或原本並無利益時，則該信託財產會整個免於其債權人之扣押❷。

二、支持與反對浪費者信託之論據

浪費者信託與扶養信託不同，在准許受益人為扶養或教育以外目的享有信託資產之同時，准許委託人使信託資產不受債權人染指。它與有裁量權之信託亦有不同，因浪費者信託在准許受託人不付予受益人之債權人之同時，准許受託人對受益人給付。

值得注意者，浪費者信託一方面限制債權人染指信託財產中受益人之利益之能力，同時也限制受益人自願讓與其利益之能力。法律是否應准許委託人在信託條款上附加此種條款或限制？

雖然浪費者信託今日幾乎在美國所有的州均有效❸，但在歷史上一直爭議不斷，有人嚴厲反對浪費者信託，認為它只適合某幾種人，即未成年人、癲瘋的人——但不適合成年之男人。他們以為普遍引進此種信託，會形成一種特權階級，沉溺於各種投機行為，實施各種詐欺行為，而且只要他們站在免於刑法追究的一面，可以累積財富而不須負責❹。

有人以為浪費者信託之債權人可能被受益人之外表或財富所誤導，以為受益人信用良好，如此對債權人有欠公平。但有人反駁，認為此種論辯不能成立，其理由是：第一，雖然遺囑信託有公開紀錄可尋，但生前信託則否，可見上述論辯對大多數信託並不適用。第二，債權人未必都是有意對浪費者借貸信用，債權人之債權可能來自侵權行為之判決，或基於子女扶養或欠稅之請求權。何況即以來自契約上債權而論，所謂債權人應在貸與信用前，確認債務之擔保是否殷實，如依賴債務人外表有錢，而不查證

---

❷　參照 Zabel, The Rich Die Richer and You Can Too, p. 208 et. seq。

❸　在美國大多數的州（四十二州加上哥倫比亞特區）都承認此種信託之效力，只有五個州，即新普夏、羅得島、俄亥俄、北卡羅萊納與喬治亞不承認浪費者信託條款。又阿拉斯加、愛達荷、懷阿明三州尚未對此問題表示意見。在紐約州，所有信託關於收益方面都是浪費者信託，除非信託文件明白另有約定。因此受益人不能移轉其對信託收益之權利予任何人，除非信託特別准許此種移轉。參照 Zabel, op. cit., p. 207。

❹　Dobris, op. cit., p. 522.

其來源，乃自甘冒險云云。此說外觀似頗動聽，但亦有缺陷。因第一，它為了控制較少數情形，而增加所有授信之起始交易之費用，並不適當。第二，為了查證某種債權將來是否可獲滿足，必然引起交易之複雜並增加許多勞費❺。

三、承認浪費者信託之例外

(一)贍養費與扶養請求權

美國若干法院認為浪費者信託不受贍養費或子女扶養請求之拘束。Bacardi v. White 一案 (463 So. 2d 218) 代表大多數意見，又參照下述❻ Restatement (Second) of Trusts, sec. 157 (a)。

(二)日常生活必需品之請求權

如浪費者信託之受託人自受益人的出租人或醫師要求給付他們所提供勞務之報酬時，不受浪費者條款之拘束。即提供必需服務之人，可對浪費者信託受益人之利益，強制執行其請求權。同理，如信託之受益人延聘律師保護其在浪費者信託上之利益時，則律師對信託收益亦有請求權❻。

(三)其他對避免債權人之權利之限制

美國有一些州已制定法律，賦予債權人在債務人供應超過債務人教育與扶養需要之限度內，可扣押浪費者信託上債務人之利益。例如：Cal. Prob. Code, sec. 15307; N.Y. EPTL Section 7-3.4。

(四)自益之浪費者信託

---

❺　Dobris, op. cit., p. 523.

❻　信託法整編（第二版）(Restatement (Second) of Trusts) 有例外規定：

Section 157 特殊種類之請求權人

雖然信託是浪費者信託或扶養信託，在下列情形，可扣押受益人之利益，以滿足對受益人之請求權：

(a)由受益人之妻或子女為了扶養，或其妻為了贍養費。

(b)為了對受益人提供必要服務或必要之供應品。

(c)為了提供之服務與供應之材料，用以維護或有利於受益人之利益。

(d)被美國聯邦或某個州來實行對受益人之請求權。

委託人不可為自己之利益，創設一個浪費者信託。如委託人企圖創立一個自益之浪費者信託，則債權人可對委託人即受益人之利益加以扣押，參照信託法整編（第二版）(Restatement (Second) of Trusts, sec. 156)❼。

(五)境外資產保護信託

惟美國近年來有半打以上之州已准許委託人成立有效之自益浪費者信託，作為爭取外來投資之方法。即這些州允許有錢的債務人（通常為擔心負擔業務上過失責任之律師與醫師）可不受將來判決債權人請求權效力之拘束❽。

第二節　扶養信託

與上述浪費者信託略為相近者，有所謂「扶養信託」(support trust)。所謂扶養信託係如受託人被指示為特定受益人之利益，支出信託之收益與／或原本時，則其支出只能限於為教育與扶養受益人所需要之限度，且只限於支付能完成這些目的之時間內。此時該利益不能由受益人移轉予他人，亦不能由其債權人加以扣押。

受託人被指示只有在其支付能達到受益人之教育或扶養之目的為限，始能分配信託財產，而支付金錢予受益人之受讓人或債權人，不能達到教育或扶養之目的，因此此種信託不免對於受益人受益權之自願或非自願讓與加以限制（如信託是一種扶養信託，直到受益人年滿二十五歲，然後支付原本給他，則其受益權不可由債權人加以扣押。但他就原本之受益權，則可加以扣押）。受益人不可強迫受託人支付或運用，除非係用於他的扶養或教育。

---

❼ 但 Adam Hirsch 教授駁斥自益浪費者信託條款無效之流行想法。他以為在許多場合，立法者既然已允許個人單方面將其一部資產成立信託，提高其財政之安全，而不為債權人請求權效力之所及，且個人從事商業活動時，更可加入或成立有限合夥或有限責任公司，保護非商業資產，不受債權人之扣押，因此主張在此等安排下，禁止自益浪費者信託，似更欠缺堅強之理由。

❽ Dobris, op. cit., p. 530.

深度研究

一、贊成與反對浪費者信託之論據:

在英美浪費者條款應否有效,有不少爭論:

反對說:

㈠此種信託可能鼓勵弱者或不謹慎之人繼續浪費。

㈡此種信託會誤導與詐騙受益人之債權人。

㈢衡平法上完整所有權或終身所有權 (life or in fee interest) 本質上當然包含讓與性,因此禁止移轉此種衡平法上利益之條款與其本質相違背。

㈣法律上終身或完全無任何限制 (即所謂 fee) 之所有權,不可附上讓與之限制,衡平法上之利益自無獨異之理。

贊成說:

㈠對於以信託將財產贈與受益人之捐贈人,應准其按其意願附加此種內容之條款限制。

㈡衡平法上之利益即使不能轉讓,在法律上亦屬可能。

㈢即使受益人不能移轉其利益,但由於受託人通常可出售信託財產不受限制,故對信託受益權之讓與並無不當之限制。

㈣浪費者信託為保護無經驗與無能力之人所必需。

㈤如成立此種信託,債權人不致被受益人可能顯示之財富之外觀所誤導,因債權人可查閱此種受益之來源,要求受益人提出資產說明書作為貸款之條件,且債權人可取得受益人之信用報告,並在公家文件案上查閱委託人之遺囑與信託財產之權狀。

㈥債權人在受託人將收益交付受益人後,仍可及時收取該項收益。

㈦如一個衡平法上財產之贈與在企圖讓與或破產前為有效,則亦應准許此種信託❾。

基於上述反對理由,英國法院從來都反對此種浪費者信託,認為此種信託條款無效,他們只准許所謂保護信託 (protective trusts),而在某程度達

---

❾ Bogert, op. cit., pp. 150–151.

到與浪費者信託類似的結果❿。

二、浪費者信託之限制

　　在美國大多數州裡，浪費者信託或有效不受限制，或只受到若干制定法之限制。在許多州此種信託可為任何受益人，且原本或收益之數目並無設定。但在少數州此種信託之效力受到制定法之限制。在解釋此等制定法時，法院認為受益人有權按其習慣以及其同一身分階層 (class) 之人所習慣之程度接受教育與扶養。在認定什麼是扶養所必需時，不考慮奢侈品。對受益人從其他來源所受領之收益可能加以斟酌，但如受益人去工作可賺取的那部分收入則不算入。有些州限制此種信託之原本不可超過一定數字，或信託收益必須限於一定數字，才受到浪費者條款的保護，或浪費者信託之受益人須為委託人有道德上扶養義務之近親。

　　一般而論，近幾十年來美國信託法之趨勢是：自公益之立場，對承認浪費者信託之十九世紀個人主義思想加以反對，以致以制定法或法院判決對浪費者信託之承認，創立了例外。簡言之，委託人不可為自己利益成立浪費者信託，否則信託雖有效，但浪費者條款對現在與將來財產所有人之債權人無效，亦即委託人仍可移轉其利益或被債權人扣押⓫。

　　又美國法院基於公共政策的理由，對浪費者信託之效力，也作了其他限制，此種信託不適用於所得稅債權、為受益人提供生活必需品之債權、對受益人侵權行為所生之債權、對已離婚之妻贍養費之債權、對妻以及未成年子女扶養之債權等。有些法院以為妻與子女之生活費乃受益人自己扶養之一部，故賦予妻與子女對受益人將來請求給付之權利，實質上乃為了受益人來執行 (enforce) 信託。有些判例認為此種信託只能保障受益人對將來收益之權利，而不及於對將來原本之權利，但近來有些判例對信託原本與收益二者都支持這些信託。又對此種信託所課之限制期間可能限於受益人終身，或其中任何部分，或數年⓬。

---

❿　Bogert, op. cit, p. 151.

⓫　Bogert, op. cit, p. 155.

⓬　Bogert, op. cit, pp. 157–158.

第十八章　境外資產保護信託

一、境外資產保護信託產生之背景

　　所謂境外資產保護信託(Offshore Asset Protection Trusts，簡稱 OAPT)，乃近年來美國愈來愈流行之資產計畫。它基本上是為了保護債務人資產免於受到債權人或其他人強制執行，而在對信託有管轄權之外國所成立之信託，也是為了使法院判決之執行發生困難之一種法律特別設計。設立此種信託之動機不一而足，包括從事高風險業務或職業之人（例如外科醫生），擔心業務過失所導致巨額懲罰性賠償的陪審團裁決、逃避債權人之追索，或高所得的人尋求減少稅捐負擔❶。在過去數十年來美國國會採取種種嚴屬措施（包含繁重的申報要求與處罰，對外國信託的新定義及通過新條文等），使人不易使用境外資產保護信託作為避稅之用，以致保護資產，即保護債務人逃避債權人的請求，成為設立此種信託之主要動機。

　　近年來，許多小國為了吸引外國資金，紛紛加強債務人之資產保護，已變成競爭非常激烈的產業。當地立法機關不斷修改法令或制定新法令，對債務人提供更佳之保護。目前對債務人比較有利的國家是巴哈馬、貝里斯、百慕達、開曼群島、香奈群島、澤西 (Jersey) 與更西 (Guernsey) 島、庫克群島、直布羅陀、男人島 (the Isle of Man)、列支敦士登、奈維斯 (Nevis) 以及突克斯與凱科斯 (Turks & Caicos) 群島❷。此種境外資產保護法規的主要目的通常是：在對債權人尋求法院執行判決之路上設置事實上與法律上的障礙。例如許多國家或者不承認美國法院之判決（美國法院判決不能在

---

❶ Sullivan, Asset Protection Trusts Find Place in Market, National Underwriter (Life & Health/Financial Service ed.), Cincinnati: May 3, 1999, Vol. 103, Iss. 18 (http://proquest.umi.com).

❷ Hayton, The Law of Trusts (4 ed.), p. 1; Zabel, The Rich Die Richer and You Can Too, p. 212.

境外執行），或在當地依當地法律對該案件審理或重審後才加以承認。因此債權人在美國取得法院勝訴判決後，必須旅行到外國，向當地法院重新進行訴訟。境外法律制度要求債權人起訴須延聘當地律師（可能由於與受託人之關係，致難於物色），按鐘點付費，並遵守敗訴人付費之規則等。這種額外的時間與金錢的支出本身，就足以構成障礙，使得債權人須另向別國尋求債權之滿足，或至少被迫尋求和解。

所謂法律上障礙通常係當地國請求權消滅時效期間非常短促，實際上可能使判決無法執行。例如在庫克群島（在南太平洋澳洲以東），如債權人在信託成立時起一年內，或自權利發生之時起二年內，未提起訴訟時，就不能對信託資產加以扣押。因此如信託在債權人債權發生後不久取得資金，但待美國債權人對債務人就該請求權提起訴訟，且獲致勝訴判決時（可能須經多年），當地法律所定的請求權消滅時效可能已將滿期，而債務人所設立的信託資產將因而安全，不受債權人的執行❸。何況許多境外資產保護信託設有一名信託「保護人」(protector)，擁有廣大裁量權，包括更換受託人、改變信託所在地 (situs) 甚至信託條款。

二、境外資產保護信託之特色與內容

資產保護信託之條款在許多方面，與上述浪費者信託相似。在典型的情形，它們是完全有裁量權的信託，受託人是唯一有能力在一堆受益人間分配收益與原本之人。境外資產保護信託與美國內國浪費者信託最重要的不同是：信託之委託人亦可能是信託有裁量權之受益人，而不讓信託財產

---

❸　此種信託在美國最為常見，但也有缺點，因信託原本並非用來詐害真正債權人，故例如委託人乃破產人，或已被送達傳票 (writ) 後，委託人再成立信託可能不合法。如委託人如此做，日後信託可能被法院撤銷。當然在所有各州專業受託人，強調他們不會在此種情況故意成立境外資產保護信託，而且他們努力調查當事人，並對他們之清償能力與資金來源感到滿意。又據云大多成立資產保護信託之要求會被有聲譽之受託人拒絕。關於海外資產保護信託有關問題之詳細情形，可參考楊崇森，〈境外資產保護信託之探討〉一文，載《臺灣經濟金融月刊》第 42 卷第 2 期，95/2/20。

受到債權人的扣押。因此如委託人之債權人問題消失，則受託人可實施裁量權，將整個信託原本分配予委託人而終止信託。資產保護信託通常乃不可撤銷之信託，且在指定期間內存續，但如債務人有新債權人出現時，可能延展信託之存續期間。如委託人在信託期間中死亡，則信託資產會依照他的遺囑或信託條款之規定移轉予他人。

這種信託之受託人通常是一家外國銀行或信託公司，委託人在選擇受託人時，最好要避免找美國公司之子公司或有美國子公司之銀行。因為任何一種情形都會成為美國法院對信託取得管轄權之基礎。這種信託含有不少獨特條款：

第一是保護人，由於此種信託在海外關係，委託人為避免鞭長莫及，除受託人外，可能指派一名所謂「保護人」(protector)，通常是委託人的密友或顧問。委託人可能賦與該保護人對信託的一些權限，諸如將受託人解任、於受託人出缺時，指派其繼任人、增加或減少受益人之權利等。如委託人不欲或不放心由受託人決定投資時，尚可預先賦與委託人或保護人委派投資顧問之權力。

第二是所謂「反脅迫」(anti-duress) 條款，即在信託上訂有准許外國受託人可以不理會美國法院對委託人或美國受託人（如有的話）指示將信託資產移交予委託人之債權人之命令。

第三是所謂「移轉場所」(situs) 條款，即在任何法律訴訟威脅到信託或信託資產時，賦與受託人改變信託之管轄地域 (jurisdiction) 之權限。因此如某債權人將要在凱門群島對債務人執行一項判決時，受託人可以將信託財產移轉到他國，例如在巴哈馬的一家銀行，使得債權人須重新在巴哈馬起訴❹。

資產保護信託之主要目的在保護資產不受潛在訴訟之追究，及使當事人對資產之控制儘量長久。這種信託除了是利用異國地區，諸如紐西蘭外島叫做庫克群島 (Cook Islands) 之境外信託 (offshore, OAPTS) 外，也可能

---

❹　Brinker, Jr. & Langdon, the Offshore Trust: An Asset Protection Tool, Ohio CPA Journal, Apr–Jun 2000, vol. 59, Iss. 2.

是利用阿拉斯加或德拉瓦等州之國內信託 (DAPTS)❺。

三、境外資產保護信託之優點

㈠健全計畫可減少訴訟風險，且在訴訟時，增加有利和解之可能性，可能受到訴訟威脅之人，可有效保護資產在法院敗訴之後，免於被債權人或原告扣押之危險。

㈡海外設立之所在國所適用之詐害移轉財產法律 (fraudulent conveyance laws)，在債權人訴請撤銷債務人此種信託前，對原告主張被告成立此種信託，是用來詐害債權人之證明須「超過合理懷疑」(beyond a reasonable doubt) 之程度，而且有關詐害移轉財產法律所定消滅時效為期甚為短促❻。

---

❺ 究竟這種信託廣泛使用至如何程度，難於答復，但有關資產保護信託文獻的文章與書籍不少，甚至有一種叫做 Asset Protection Journal 的專門刊物出版。美國有數個州面臨信託業務被境外法人搶去的壓力，已制定法律加速推動此種信託，以留住廠商，甚至吸引外州公司，值得注目。例如阿拉斯加州於 1997 年修改法律，特別規定不可撤回的信託，如果是浪費者信託與有裁量權信託，不為委託人債權人請求權之所及。德拉瓦州亦跟進。兩州准許委託人由於選擇在該州有住所的個人或機構，且在該州維持若干信託管理之特色，而認為委託人在該州已有信託場所 (situs) 之設定。不過即使阿拉斯加與德拉瓦兩州，並非完全不保護債權人，仍對資產保護信託之效力設有若干限制。在阿拉斯加州，對財產移轉是詐欺性或委託人在移轉財產時對子女扶養費已遲延三十日以上的 self-settled 之浪費者信託之效力定有例外。德拉瓦州則對債權人較為有利，如移轉財產是詐欺性，則移轉無效；且信託對前婚配偶或子女之扶養或贍養費之請求權不生效力。對在信託成立前由委託人導致之死亡或傷害之請求權亦不生效力。阿拉斯加與德拉瓦州都規定，在移轉予信託後四年，或在發現或可合理發現此種詐欺移轉之日（其中較後者）起一年內，必須提起詐害性不動產移轉訴訟。參照 Lynn M. Lopucki, The Death of Liability, 106 Yale L.J. I, 14 (1996); Elena Marty-Nelson, Offshore Asset Protection Trusts: Having Your Cake and Eating It Too, 47 Rutgers L. Rev. 11 (1994).

❻ Offit, The Truth about Offshore Asset Protection Trusts, Journal of Financial Service Professionals, Jul 2000, vol. 54, Iss. 4.

㈢此種信託之委託人可對信託尤其信託財產保留若干有效控制。

㈣信託文件常指示受託人可不理會任何法院對委託人要求解散信託，或為任何債權人利益取得分配金之命令。

㈤可對有資產之人提供較國內資產信託更高之保障。

四、境外資產保護信託之缺點

㈠費用高，且須負擔年費與辦理稅捐申報手續。

㈡資產保護計畫只有在任何請求或訴訟繫屬（進行）中之請求 (pending claim) 前做好才有效，不可針對現在或受威脅之債權請求 (present or threatened claims) 來設計藏匿資產。如委託人在知悉正在進行之訴訟後移轉資產，則可能被認為詐害債權人，而使資產移轉至境外信託歸於無效。

㈢律師、會計師及其他規劃人員協助當事人設計詐害債權人可能負擔法律責任。

五、斟酌是否成立境外資產保護信託之因素

㈠設立與維持境外信託所需之費用

㈡要移轉資產之性質

㈢管轄該信託國家或地區相關政治與經濟風險如何

㈣所需要受託人之性質與種類

㈤委託人將資產放置在境外信託在心理上放心與適應之程度

㈥美國相關法律顧問辦理這些事務之經驗與能力

㈦被選擇之國家或地區是否承認外國判決

㈧被選擇之國家或地區有無防止詐害移轉財產之法律

㈨國家有無立法准許委託人保留若干權利與利益

㈩有關稅捐與隱私權法律是否適合

(十一)法律制度是否完善

(十二)聯絡或交通設備是否完善❼

---

❼ Hein, Offshore Trust for Asset Protection, S. A. M. Advanced Management Journal,

總之，與資產保護信託有關之技巧，涉及「資產與信託法」許多層面，且規劃人常利用非常新穎的技巧，以致今日尚不能預測這些信託是將來的潮流，還是只是一時性之流行。因為想請求贍養費或主張特留分（elective share rights）被侵害之配偶，可能攻擊資產保護信託，子女亦可能主張扶養之權利被侵害。如資產保護信託證明有效，若干法院對企圖把他們管轄權排除之作法，不以為然。對這些爭點，由於美國新聞只報導一些一審法院案件，且大多數都和解了事，上訴法院所下有關判決又很少見，對我們幫助不多，因此今後資產保護信託如何發展，尚有待觀察。

深度研究

一、設立境外信託，並不以在美國之人為限

　　人們設立境外信託，係為了以某種方式（包括合法與不合法）逃避國家之法律，有的可能有堅強違法之道德根據，例如委託人在自己國家受到迫害。由於人們一直尋求使錢財不受政府沒收，或避免受到革命、戰爭與稅吏攫取之途徑，所以境外信託不可能沒有業務。據云對此等信託之興趣常隨世界殺戮與災難之程度而升降。目前許多新信託業務係來自下列地區：

　　㈠香港：上世紀租與英國，在 1997 年歸還中國，許多香港居民急於保護他們資產不受中共控制，而移到境外。

　　㈡南非：南非經歷激烈之政治變化，許多有錢之人耽心將來局勢不安而將金錢移出國外。

　　㈢南美與中南美：因中南美政局不安定，且貧富懸殊，有錢之拉丁美洲人只要有機會，喜歡將錢移到國外。

　　㈣在歐洲大陸富人間，亦有人對信託有興趣，但因此種概念在那邊較為陌生，許多人不大敢將金錢交託受託人。

二、英國之輸出信託

　　在英國亦有所謂「輸出信託」（Export Trusts），學者以為成立此種信託

Winter 1999, vol. 64, Iss. 1.

係出於下列理由：

㈠在大多數情形，主要動機為儘量使資金免於受到英國再採外匯管制之約束，其次係為了節稅。

㈡法定受益人大多數居住在國外，或欲移居國外，故信託在他們所居留之國家管理最為方便。

㈢疑懼將來英國立法會有重大改變，將財產分配較為平均化，富有人家之資產會被沒收一部分。財產稅 (wealth tax) 只是立法機關可能採用方式之一而已。有些人以為如資產移到國外由受託人保管，將可逃出收稅人之魔掌。

㈣擔心幣值不穩定，如將財產移到國外，則其價值與安全性可穩定不少❽。

---

❽　參照 Oakley, op. cit., p. 559 et. seq.

第十九章　強制信託與盲目信託

第一節　美國之盲目信託

　　民國 83 年左右，政府為改善政風，擬議公職人員之財產須一律交付信託❶。95 年左右政府亦規定重要官員的財產要交付強制信託，這是整頓政風的新猷，值得肯定。不過強制信託要想推行盡利，達到預期的效果，宜仿美國盲目信託 (blind trust) 的機制，才比較周延，且較能貫徹政策的目的。

　　所謂盲目信託，是源於美國的一種特殊財務安排，由官員將財產成立信託，以官員為委託人兼受益人，以符合法定資格之人為受託人，由受託人為受益人的利益來管理處分這些財產，受託人對信託財產的管理有完全定奪的權力，官員放棄管理信託財產與取得有關信託資訊之權利，不得過問有關信託營運與其具體內容，來避免該官員與投資之間發生公職上利益衝突的指控。雖然委託人知道原始交付信託的財產，但信託成立後，由於受託人經常出售信託財產，將所得再投資，所以委託人無法知悉後來信託財產的具體內容，對其現狀懵然無知，排除委託人與利害關係人（他的配偶、未成年子女與仰賴他扶養的子女）來參與並知悉這些決定。這就是所謂盲目信託的由來，也是盲目信託與一般信託不同之處❷。

　　據云，詹森總統是美國第一個民選官員作成盲目信託之人，當他在 1963 年就任總統時，有人關切他家庭在德州奧斯汀地方擁有 KTBC（一個無線電與電視站，是 1943 年其夫人所買，且股份在她名下）。詹森的部下建議詹森將該站出售，但由於情感與財政原因，他與他夫人都不欲割愛。後來他聽從法律顧問的建議成立信託。

---

❶　關於強制信託之詳細批判，可參照楊崇森，〈強制信託須配套〉（自由時報 95 年 2 月 24 日）等文。

❷　美國信託法之教科書或參考書均未提及盲目信託，甚為可惜。

　　依該信託文件之規定，詹森夫人暫時將她 KTBC 股份之控制權移轉給原是她家老友的兩名德州律師。她賦予受託人對股份之完全裁量權，包括出售之權利（但他們並未出售），詹森夫婦只有直接控制他們家的農場與一些德州的其他財產及一個未透露數量的免稅的市債券。

　　由於詹森樹立了這種交付信託的先例，後來美國許多總統就職後多遵從這先例。但直到 1978 年美國通過「政府倫理法」(the Ethics in Government Act) 之後，盲目信託才正式被美國用作行政部門官員要避開潛在利益衝突之代替方案。依照美國眾院與參院規章的規定，國會議員亦可成立盲目信託，目前大約有 18 個參議員與數個眾議員使用這種盲目信託，而且參眾兩院適用規範行政部門盲目信託之同一規章。該政府倫理法規定受託人須獨立於該交付信託之官員，且交付信託資產之出售或移轉不受原委託人之干預或限制❸。它更規定交付信託之官員除為了執行這些與別的規章外，不可收受受託人的資訊，該法還創設了「政風局」(Office of Government Ethics，簡稱 OGE)，作為主管機關，現在仍然是一個獨立的聯邦機構。

　　在盲目信託，官員可暫時移轉任何使他作為投資人與公職人員身分有潛在衝突資產之控制權。他將此權責移交給獨立的受託人，通常為律師或銀行家，由後者對這些資產實施完全裁量權，使受益人對信託之內容有了

---

❸　以下舉出一個濫用盲目信託的例子，美國參議院多數黨領袖 Bill Frist 原期待在 2008 年競選下任總統，但他 2005 年 9 月被發現他早在 6 月間指示他家十三個盲目信託（價值一共在七百萬到三千五百萬美元之間）之受託人出售他在 HCA 公司（由其父與兄弟所成立之公開上市醫療器材公司）所有股份。在買賣後不過數天，一個使人失望的獲利報告使該公司股票跌了近 9%，由於出售的時期令人懷疑，致美國司法部與證券暨貿易委員會公開調查 Frist 是否犯了內線交易之禁止規定。結果他被發現經常自受託人收到書面最新簡訊，且對他戶頭交易取得詳盡資訊，足見他的盲目信託並非很盲目。此事成為媒體的大新聞，也暴露出盲目信託若不是真正，不足以防止公職人員之利益衝突，反而有濫用之空間及外觀上合法的偽裝，其情形可能比不設立盲目信託更糟（參照 http://www.recordonline.com/archive/2005/09/27/edit27.htm）。

一個盾牌，以免他受到利益衝突之攻擊。該官員可定下希望其資產如何管理之有限基準，受益人依照信託契約，只受領信託之收益，但對其如何產生並不知情；亦可指定將所有收益再投資❹。但所有後來在該官員與受託人間的交通，至少在理論上大幅受到削減。官員只能知悉信託最基本的資訊，諸如整個市場價值的變動與信託所產生的純收入或損失，有關信託的大多數交易須在該官員不知情或不經他同意下進行。信託之關鍵是受託人與受益人所有權之分立。信託財產名義上歸受託人，而信託之成果則歸受益人享有，即在法律上所有權與衡平法上所有權分離。但在盲目信託，受託人（信託之法律上所有人）不告知受益人他對信託財產作了什麼投資，或對信託財產已採取何種投資步驟。它讓受益人保有財產，但不能享有控制權。

換言之，在美國盲目信託有不少配套措施，包含：

第一：需要立法化，對於強制信託取得法源，同時訂定受託人與委託人不遵守規定受到罰金的制裁。

第二：為了收到預期的效果，官員的配偶、未成年子女與扶養的子女也應與官員本人相同，受到拘束。

第三：信託的受託人，必須是獨立公正的財務機構、律師、會計師，人選要先經政風機構的同意。

第四：賦予受託人管理處分信託財產的全權，不能加以限制。

第五：信託契約的內容（包括委託人、受託人、受益人的權利義務）有統一制式條款，且簽約要經政風機關的核准。

第六：受託人除寄送季報與年報（只略提信託財產總市價或總收益的數字）外，不提供任何訊息與委託人。

第七：信託契約唯一的任意條款，是可訂定受託人定期支付委託人一定金錢，以免官員家庭生計發生困難。

第八：信託終止（官員離職或死亡）時，受託人才對受益人做完整的結算並返還全部信託資產。

---

❹　http://donspoliticalblog.blogspot.com/2005/09/what-is-blind-trust.html

不過盲目信託的用意是如政府官員不知他整批個人資產的內容，則他的私人利益不致影響到其公共職務的履行。其目的是使二者之間能夠取得平衡。因在制度上如要強制公職人員釋出他所有可能有利益衝突的資產，可能對他造成財政上負擔，且可能減少人們擔任公職的意願。反之如沒有一個釋出規則 (sell-off rules)，即要求官員不致因擁有資產而影響其踐履任何事務之決定，則不切實際❺。

第二節　我國之強制信託

我國公職人員財產申報法於 97 年修正，規定正副總統、五院正副院長、政務人員、公營事業首長、直轄市長之財產應付強制信託。詳言之，於到職申報財產時，其本人、配偶及未成年子女之不動產、國內上市及上櫃公司股票等，應自就（到）職之日起三個月內，信託予信託業。

此種信託應以財產所有人為委託人，訂定書面信託契約，並為財產權之信託移轉。信託契約期間委託人或其法定代理人對信託財產之管理或處分欲為指示者，應事前或同時通知該管受理申報機關。有信託義務之人無正當理由未依限信託，或故意將所定財產未予信託，或對受託人為指示者，處罰鍰及公布姓名等處分。

第三節　日本之盲目信託

據云日本對若干政府重要官員亦有類似盲目信託之制度，可惜資訊有限，以下只能根據鴻常夫氏之著書加以介紹。

此種信託乃以瑞克魯特（リクルート）事件❻為契機，為防止政客利

---

❺ 依照我法務部在民國 83 年之調查，美國實施盲目信託成效並不佳，即在美國聯邦政府實施十六年來，一萬五千名有申報財產義務的聯邦高級公職人員中，只有四十餘人採用，約占百分之零點二，比率相當低。而在州政府方面，有些原來實施此一制度的州，如新澤西州，已由州長在 1993 年明令禁止，理由是此一在該州實施二十年的制度非但無以防弊，反而可能成為隱匿財產的工具。真正「被矇蔽」(blinded) 的不是將財產信託的官員或議員，反而是社會大眾（參照法務部說帖）。

用其地位透過股份（持股）等取得不當利益而設。即位居大臣、政務次官等職位之人，於其在職期間中，自己避免為股份之交易，為了作為自清之擔保而加以利用。

一、委託人

閣員及政務次官（相當我政務次長）及官房副長官（相當我行政院副秘書長）。

二、信託財產

包含未公開上市之股份、轉換公司債及 warrant（認購或認售權證）。

三、受託人

包含大和銀行等八家信託銀行共同受託。

四、信託契約期間

自締結信託契約之日起一年內。期滿前如未通知解約，更自動延長為一年，致實質上乃委託人之在職期間中。

五、信託契約應留意之點

㈠第 4 條：受託人就議決權之行使，受委託人之指示為之。

㈡第 7 條：信託計算期日為 6 月底、12 月底，每年兩次。

㈢第 18 條乃本契約書最重要條文，即

　1.受託人除處分單位未滿之股份外，一切信託財產均不加以處分。

---

❻ 1988 年日本爆發瑞克魯特醜聞案，發覺自 1984 年以來，瑞克魯特公司旗下的宇宙建設公司多次以未上市股票低價售與政界領導人，獲取非法利益。涉案政界人士多達十六人，包括前首相中曾根康弘、當時現任的竹下登首相、宮澤喜一、安倍晉太郎、渡邊美智雄、森喜朗、加藤紘一、加藤六月等重要自民黨黨政高層人員，引起軒然大波，結果竹下登等人被迫辭職。

2.委託人除議決權行使之指示外，就信託財產之管理處分不為一切指示。

3.受託人不得行使信託財產內轉換公司債之轉換權及 warrant（認購或認售權證）之認購認售權。此乃因轉換權等權之行使，與禁止買賣同樣，有內線交易之虞，故加以禁止❼。

---

❼　鴻常夫，前揭，p. 214 以下。

第二十章　日本之放款（貸付）信託

放款信託乃日本獨特之「放款（原文：貸付）信託法」（1952 年）所創設之信託，在外國皆無先例之全新制度。原來日本信託業務幾皆自外國，尤其美國引進，其所以創造出此種外國向無先例之信託，乃出於日本在二次大戰之後特殊之經濟狀況。當時日本為謀經濟迅速復興，亟需長期資金，尤其電力、鋼鐵、海運等重要基礎產業之設備資金，而信託乃最適合供給長期安定資金之金融制度。在另一方面，當時信託銀行由於戰後貨幣貶值，難期吸收長期安定資金，而不能不仰賴大規模法人短期之單獨運用指定金錢信託，故一方面透過信託籌措資金，同時亦為了振興信託業，乃有「貸付信託法」之制定，對於信託業務之大眾化貢獻良多❶。

放款信託乃基於一個預定之信託約款（須經大藏大臣認可），以一萬日圓或其倍數（制度開始當初為五千日圓）為單位，每月向公眾募集，將自多數顧客（委託人）信託之金錢，為信託約款所定之特定目的加以合同運用之一種金錢信託。

在放款信託對購進放款信託之投資人，發行受益證券，分為記名與無記名式兩種，信託期間有二年與五年，近來幾乎（九成以上）皆為五年。受益證券之所有人同時為委託人與受益人，信託公司扮演受託人之角色。每月募集金額作為一個單位(稱為 unit)，專門對主要產業長期放款來運作。

放款信託乃合同運用之指定金錢信託，法律上有下列特色：

一、乃將多數委託人之金錢集中運用之集團信託

契約本身雖在特定之顧客（委託人）與信託銀行（受託人）之間締結，實則雖委託人不明亦照樣成立契約。

二、為了以多數人為相對人，迅速、簡便、有效率處理大量交易起見，將信託契約之條款定型化。此種信託條款（營業上定型化之信託）須預先經大藏大臣承認，然後據以與多數委託人締結個別信託契約。

---

❶　田中實，《信託法入門》，p. 174。

三、信託財產（金錢）以放款或票據貼現為主，俾作為長期資金，運用於有助於國民經濟健全發展之領域。

四、為解決一般信託受益權為指名債權，信託法上受益權有價證券化之困難，將受益權證券化，賦予其流通性，並分為一定之口數，原則表現為無記名之受益證券，以便於吸收資金及使一般投資人便於投資（但實際處理多屬記名式）。委託人與受託人之個人關係甚為稀薄，且無法以契約以外方法設立此種信託。

五、設募集處理期間（現今為每月 6 日～20 日，21 日～下月 5 日），在其期間內之契約集中組成一個合同運用團（單位），與其他分別運用。

六、常作為自益信託，委託人之地位與受益證券一起繼承（證券之受讓人承繼委託人之權利義務）。

七、為了向一般顧客公開募集，委託人（信託銀行）應將一定事項公告，信託條款變更時，亦然。此乃為保護投資人（委託人兼受益人），採用公告制度與大藏大臣對約款之承認制度。

八、由於將信託財產長期放款運用，如無限制准許委託人中途解約，有妨礙資金安定與有效率運用之虞，故原則上不能中途解約。但為因應受益人不時變現之需，自發行之日起經一年後可請求受託人（信託銀行）以時價買取，即排除舊信託法第 9 條之適用。

九、信託期間定為二年以上，一年內不能變現等，以避免與銀行存款之競合。

十、為了提高對顧客之信用與萬一景氣與經濟情事之變動，可附原本填補之特約。如有此特約時，應在每期收益中累積特別保留金。即將信託報酬之一定部分保留，以備原本損失時供填補之用。

十一、此種信託性質上為集團信託，許多受益人監督信託事務，閱覽有關信託事務處理之文件與請求說明之權利，繁瑣且困難，況無記名式受益證券流通時，不可能確定受益人，故一般信託個別監督權事實上不能行使。又信託終了時與一般信託不同，不採最終決算須經受益人承認之手續。

十二、此種信託雖採實績分配主義，但為了與存款等利率保持平衡，

及基於營業政策之考慮，預先定有分配率。

　　十三、受益證券一方為表彰受益權而發行之證券，同時亦有證明信託關係成立之信託證書之性質。

　　十四、此種證券實務上分為收益分配型（證券上附收益票與本券分離行使）與滿期收取型（利息併入原本至滿期以前以複利運用）兩種。

第二十一章　麻州信託（商業信託）

　　信託可作為公司之代替品，美國的麻州信託 (Massachusetts trust) 就是一個顯著的例子。原來麻州信託又稱為商業信託 (business trust)，係信託原理運用於企業組織的美國特殊企業形態。在 1827 年至 1912 年期中，美國麻薩諸塞州由於土地供給有限，當時議會惟恐公司或其他長期存立之組織，不斷取得土地所有權，影響國家之權力，遂禁止公司擁有不動產。為達到經營此等業務之目的，麻州信託遂應運而生。為了代替採用公司組織之形態，數個受託人自一般公眾，依信託之法理與法律關係受託資金，以其資金從事不動產之交易，並將其利益分配於投資人(法律上乃信託之受益人)，以達到與設立公司之同一目的。當初係以脫法之目的，利用此種信託法理，後來由於可以避免設立公司手續之繁及行政上對公司經營之監督，此種方法被人們積極利用於其他種種企業。尤其習慣上可針對受益權發行證券，具有流通性與可集中資本，與公司組織幾乎沒有什麼差異，以至於此種企業形態受到一般企業家之注意，即使可以以公司組織經營之企業，也往往不用公司形態，而改採此種應用信託法理之企業形態，從公眾匯集資金，組成以受益人為中心之企業組織，經營某種事業，將所生利益按各人出資之比例，分配予受益人。在麻州等數州（其中尤以麻州最為流行），不但從事不動產業務之公司，且若干規模較大之製造業與公用事業，亦紛紛加以廣泛之利用❶。

　　按在典型個人信託 (personal trust)，多為他益信託，例如家裡尊長為下一代受益人成立信託。但麻州信託是自益信託，即委託人以自己為受益人成立信託。其運作模式如次：委託人以自己為受益人，將現金或其他財產移轉予受託人，而按他們對信託出資比例自受託人收到受益權 (beneficial interest)。此受益權可自由轉讓，正如公司股東一樣。受益人常有權選任信託之受託人，正如公司股東選舉公司董事一般。換言之，麻州信託之法律

---

❶　Van Arsdell, Corporation Finance: Policy, Planning, Administration (1968), p. 64.

構成，基本上係由受託人與受益人訂立信託文件 (deed of trust)，尤其契約，所成立的非法人商業團體（社團），其業務經營主要受信託法法理之規範。此種信託約定與公司之章程相似，須遵守普通法及設立信託之州及其他經營業務之州有關制定法之規定。信託文件上須訂明營業之性質、營業名稱、受託人之姓名、信託之存續期間、受益權之種類、以及受託人與受益人之權利義務等。

麻州信託之資本，原則上係由受益人出資，不過此種信託之設立人可能亦係受益人。資本分為許多單位，稱為股份 (shares)，可以轉讓。受益人又稱為股東，由受託人發給信託憑證，與公司之股東相當，作為受益人可以轉讓受益權之證據。信託業務之盈餘，原則上按出資比例分派於受益人，但虧損時，受益人僅以出資額為限，負其責任。受益人對於信託業務只是消極而非積極地參與，否則可能被視為合夥，而負無限責任。財產之所有權名義上屬於受託人，受託人負有為受益人之利益管理信託財產之責任，與公司之股東可定期選舉董事不同，受益人將管理權終局的授與受託人。

如遵守經營業務之州之法律，麻州信託可使受託人及受益人於其出資外，不負個人責任。不過信託之法律上地位，尤其受託人對信託成員之責任方面，各州尚不一致，且不確定。一般言之，如受託人欲避免對受益人負擔個人責任時，必須於管理業務時，實施善良管理人之注意與判斷，對股東就盈虧加以報告，且其行動不得逾越信託文件之規定；對於第三人，受託人應就信託債務負責。受託人如欲避免對信託債權人負擔個人責任時，須嚴格遵照信託契約之規定。目前美國各州之趨勢是：除非受託人對第三人明白表示係以受託人資格為法律行為，且在契約上訂定其責任以信託財產為限，否則法院往往判令受託人對第三人負無限責任，不過即使正當執行信託事務，若因此負個人責任時，受託人可自信託財產，有時甚至可向受益人求償。

在受益人方面，在承認麻州信託為一種企業形態之州，如受益人透過定期選舉受託人或保留指示受託人之權限等方法，參與信託業務之管理經營時，各州法院意見雖不一致，但大致之是傾向將此種信託視為合夥，而

令其負合夥人之無限責任。

由於受託人之關係，麻州信託之管理富於彈性，而與合夥相似，同時受託人又具有公司董事可將管理付託於其所選擇之職員之權力。由於不致因股東定期選舉，而有失職之威脅，受託人管理權實際上比公司董事龐大且永久。在另一方面，信託較合夥具有長久存續之優點，不因一個受託人或受益人之死亡、禁治產或其他無能力事由，而影響其存續。關於麻州信託之存續期間，各州雖不一律，但通常限制為在信託合約指定之一人或數人死亡後，二十年九個月。信託存續期間屆滿後，如受益人對新信託文件之條件，包括受託人之指派同意時，則可將信託予以更新。

在早年避免稅賦，乃投資人利用信託，而不用公司形態主要考慮之一，惟目前趨勢是在稅捐方面，將麻州信託與公司同一處理，麻州信託亦須負擔與公司同樣各種稅捐。

與公司相同，麻州信託可發行不同之優先股與普通股，又可以發行債券等方法貸款，但信託受益人是否負擔個人責任，法律上有時不確定，致影響其股份不易立即出售，但如成員之有限責任有法律先例加以確定，則可因受益權之移轉，促進其資本之籌集。此種信託之股份與債券及公司之股票相似，可在證券交易所買賣。

麻州信託在許多場合，兼具合夥管理之彈性與公司股東有限責任及股份移轉性之優點❷。同時，除成員在信託文件加以限制外，常常與獨資及合夥相同，享有從事任何商業之自由。反之，公司在一些州則不得從事若干商業行為，例如經營不動產及取得股份等。自歷史上言，在麻州與其他州所成立之商業信託一直為了作為共同基金 (mutual fund) 與不動產投資信託來營運❸。

不過，法律地位之不確定乃採用麻州信託作為企業形態之主要窒礙，不同州之法院對其法律上性質為不同之處理，或視為信託，或視為合夥，或視為隱名合夥之特殊形態，或視為公司。即使在某一州法院有明確與有

---

❷　Lattin, Lattin on Corporation (1959), p. 49 et. seq.

❸　同❷。

利之先例，但在他州相反之裁判可能使信託形態不便於在州外從事商業活動；同時受益人不能控制信託業務，亦係不易引起投資人興趣原因之一。目前麻州信託在麻州常為投資人所使用，該州之法律性質盡人皆知，且公司往往不得從事若干商業活動，除了在 1827 年到 1912 年禁止公司擁有不動產外，該州法律不准一個非州立或外州公司控制一個公用事業公司之股份。此種信託之企業形態今日在美國雖亦廣泛利用於一般商業及製造業之經營，但最常見的是土地之區劃整理、土地改良、土地出售、大建築物之興建及管理等事業。據說利用麻州信託最主要之例子為規模龐大之新英格蘭電話與電報公司 (New England Telephone & Telegraph Co.)❹。

　　德拉瓦州與至少十六個州已制定法律，准許成立「商業信託」(business trust)，有時稱為「制定法上信託」(statutory trust)，想與麻州信託發揮類似功能（不過麻州信託係根據契約與判例法，而非出於制定法之授權）❺。

---

❹ Henn, Handbook of the Law of Corporations and Other Business Enterprises (1961), p. 70 n. 3；楊崇森，《信託與投資》，p. 87 以下。

❺ Leimberg, et al., The New New Book of Trusts, p. 386.

第二十二章 日本若干特殊型態之信託

第一節 特定贈與信託

以受益人之保護目的為中心之信託，在美國有浪費者信託 (spendthrift trust)，在英國有保護信託 (protective trust)，在日本則有所謂「特定贈與信託」，其精神約略相同。

此種信託是日本昭和 5 年繼承稅法修改，引進對身心特別障礙之人在稅法上之優遇制度。即對重度心身障礙之人，為了協助其能過安定之生活起見，在信託銀行所設定之一種他益信託，在稅法上免課贈與稅。日本稅法稱其為特別障害者扶養信託，以下則按通稱，稱為特定贈與信託。

構造與要件：

㈠委託人

因涉於贈與稅，故限於自然人，不適用贈與稅之法人不能成為委託人。具體言之，委託人通常為特別障礙人之親屬及慈善家等人。

㈡受託人

為信託銀行，因信託銀行雖限於處理商事信託，但可期待其對身心障礙之人之財產為適切之管理運用。

㈢受益人

心身障礙人之中，限於日本繼承稅法及所得稅法所定之特別障礙人。所謂特別障礙人，具體言之，係指兒童福祉法、精神薄弱者福祉法、精神保健福祉法等重度精神耗弱人及障礙程度一級或二級之身體障礙人，又精神或身體有障礙之六十五歲以上高齡人，經日本福祉事務所所長認定其障礙程度相當於上述之人，亦可作為其適用對象。

㈣信託財產

為了達到扶養身心重度障礙人之目的，此種信託之信託財產在種類上

不能不受到限制，即除了須係信託銀行能受託信託財產外，尚須能產生孳息或易於換成金錢之物，即除金錢、有價證券、金錢債權外，不動產亦包括在內。

㈤信託契約之要件

1. 特別障礙人為信託利益全部之受益人。

2. 信託終了——受益之障礙人死亡後經六個月終了，此六個月之期間乃為了清算信託殘餘債務等。

3. 此種信託不能撤銷或解除，且不能變更信託期間及受益人。但於特別障礙人死亡後，或信託殘餘債務等清償終了後，不妨由因繼承或遺贈取得信託受益權之人或受託人予以解除。

4. 信託財產之交付金應按特別障礙人生活或療養之需要，定期且視實際必要，適切行之。

5. 信託財產之運用須以確保安定收益為目的，適正行之。

6. 信託受益權不得締結讓與契約或以之供擔保之用，以保障受益人。

㈥適用免稅之內容

贈與稅以財產價格日幣六千萬元為限度免稅，未滿六千萬元同時可對同一信託契約追加信託，且可由其他委託人締結新的信託契約。惟締結新信託契約時，限於已訂契約之同一信託銀行之營業所。

㈦稅法所定手續

欲受特定贈與信託贈與稅免稅適用之特別障礙人，在為特定贈與信託之日之前，應將信託契約書之繕本、特別障礙人證明書等，連同記載所定事項之「障礙人免稅信託申報書」，經由受託人之信託銀行，向納稅地所轄稅務署長提出。依據日本厚生省所作之調查，可為特定贈與信託之受益人之對象近200萬人，且有人口比率增加之傾向，而一級與二級身體障礙人有114萬人，且有高齡化與重度化之傾向。今後如障礙者人數增加，高齡化、重度化之傾向繼續時，則世人利用此種特定贈與信託之機會必定增加，而此種信託當可為身心重度障礙之受益人發揮重要之功能❶。

---

❶ 新井誠，《高齡化社會と信託》，p. 189。

第二節　若干其他特殊信託

一、永代供養信託

在日本有所謂「永代供養信託」之一種特殊信託，值得注意。所謂永代供養信託，是活用他益信託之表現。在日本從來由信託銀行辦理此種業務，亦即指一般利用墓地之人，以對故人之靈魂祭祀之目的，以金錢成立信託，以其運用之收益或原本支付供養費與墓地之管理費。由於利用此種信託，可將這些馬虎不得，但又繁瑣之事務付託信託銀行（受託人）來處理。

在日本實務上，此種信託係一種他益信託，由委託人預先與管理墓地之寺廟與陵園之間，議定供養費等之後，將通常一般金錢信託（合同運用指定金錢信託）之受託人，定為宗教法人，而附上信託目的為「支付祭祀祖先之供養費與墓地管理費」特約之契約。永代供養信託，通常固然可以生前信託處理，但在今後高齡化社會，遺囑人亦可考慮利用遺囑信託，就自己往生後，墓地之維護管理等事宜預先加以訂定。惟此種信託雖稱為「永代」，但信託期間並非永久存在，僅有二十五年，其後可視需要情況延長，每次為五年。因實務上如期間過長，會發生不易確認受益人等事務管理上問題❷。

二、「電影蓄積金」信託

過去由於日本外匯管制關係，日本自美國電影公司進口電影之代價，曾經有一度不能匯往美國。由於其金額相當龐大，如在日本儲蓄，可以有效活用。於是有人在日本將此種金錢信託予信託銀行，以之運用於電力開發，作為資金之用。此種信託之形式係以美國電影公司為委託人，信託銀行為受託人，以對電力開發公司之放款，作為信託目的，而屬於一種特定運用金錢信託。惟後來由於環境發生變化，此種信託已有減少之傾向。

---

❷　新井誠，《高齡化社會と信託》，p. 190。

三、海外旅行信託

信託銀行與旅遊業者合作，招募希望往海外旅行之人，由應徵之人，成為旅行俱樂部之會員，同時對信託銀行開始旅行資金之信託。其信託之形式係以有意旅行之人為委託人兼受益人，而係一種自益指定合同運用金錢信託。在此種信託附加上於出國旅行之際，可解除信託之特約條款。

四、住宅信託

由欲興建住宅之人，將其資金成立金錢信託，予以儲蓄，於達到一定金額後，於建築住宅時，終止契約。此種信託乃一種通常合同運用金錢信託，惟附加特約條款而已。有時當事人更約定受託人（信託銀行）在一定條件下，對其委託人融通一部住宅建築之資金。

五、勞動災害補償信託

在日本對於勞工因勞動災害所受領之勞工保險給付，為了防止勞動者於受領此種保險金後，運用不當，致給付金滅失浪費，不能發揮勞動災害補償制度之實益計，可將給付金成立信託，即以該受領人為委託人兼受益人，信託銀行為受託人，而為一種附上對受領人為分期給付之特約條款之指定合同運用金錢信託。

第二十三章　英美若干特殊信託

第一節　國民信託

　　各國信託教科書似乎從未提到國民信託，但因此種組織與運動影響甚鉅，有必要加以說明。所謂國民信託 (National Trust)，係在英國作為公益信託之應用而出現之民間團體，也是一種社會運動。原來十九世紀中葉以來，英國由於產業發展、經濟繁榮，但自然環境加速荒廢，於是該國有識之士於 1895 年發起組織此團體，向民間募款來購買土地，尤其是瀕臨危險之海岸線、鄉野與建築物，並活用珍貴的自然與歷史環境。為了將此運動組織化成為永續的存在，並釐清資金管理與資產保有之權限與責任起見，作為受託人而成立。此團體命名為國民信託，乃含有為國民保護自然與歷史景觀之財產管理之信託色彩之特殊法人，可謂為由公益信託與公益法人併用之形態❶。該團體由於英國在 1907 年制定了「國民信託法」(National Trust Act)，賦予種種特權而更加蓬勃發展。現有超過五百萬名會員提供捐助與服務，以謀自然與文化遺產之維護。國民信託之營運係公益法人式，而所買取之財產，禁止讓與，含有為國民全體管理之信託要素，可謂信託用於公共利益之著例。

　　英國國民信託運動影響深遠，許多國家，包括美國、澳洲、紐西蘭等國都有類似名稱與宗旨之民間組織，日本近年來在各地亦進行以英國國民信託為模範之自然保護運動❷。

---

❶　雖有人將其譯為國家信託，但基於其純屬民間組織及其特殊宗旨，似以譯為國民信託較為妥適，又參照山田昭，《信託の話》，p. 173 以下。

❷　關於英國國民信託之詳細介紹，可參閱楊崇森，〈英國國民信託 (National Trust) 之發展與對各國之影響〉一文，載《法令月刊》第 58 卷第 8 期（民國 96 年 8 月）。

第二節　保管信託

一、保管信託 (custodial trust)

　　保管信託為信託觀念之大躍進，因在高齡化社會，老人可能成為精神耗弱或失智，由於行為能力欠缺，此時欲再成立信託，讓有理財能力之人為其管理財產已不可能，但平時或因財產數額不大，或因尚未料到自己將來能力發生問題，未及成立信託。而當人變成無行為能力時(1)監護與官派之財產管理人 (conservatorship)（此乃由法院指派管理無行為能力人財產之人）使當事人完全失去控制財產之權利，且費用昂貴。(2)遺囑與驗證 (probate) 手續繁冗昂貴。(3)資產規劃 (estate planning) 包括一般信託費用昂貴，為大多數人無力負擔。為未雨綢繆，解決此種困境起見，美國新近「統一保管信託法」(Uniform Custodial Trust Act)（1987 年由統一法律委員 The Uniform Law Commissioners 所制定）為突破從來信託設立之種種限制，特創設此種特殊信託。

　　㈠此種信託設立之手續簡便，只須作成簡單書面（一份文件或在一既存之財產權證書 title document）上加註 (notation)，表明該財產已按該法列入信託即可，而受託人之義務於受領該財產時發生。

　　㈡該法也准許一種彈簧信託 (springing trust)，即於委託人將來發生一定事件時成立信託。任何人可就特定財產，表明於發生一定事件時成立信託，亦即承認一種附條件之信託。

　　㈢為便於無行為能力人追討債務起見，該法亦准許任何對無行為能力人負債之人，不需經由官派之財產管理人 (conservator) 而成立此種信託。即無行為能力人之任何債務人可將供清償債務之財產為該無行為能力人（即債權人）（作為受益人）列入該信託，以代債務之清償。如在財產價值超過美金二萬元之情形，此種財產之移轉應經法院核准。在受益人變成無行為能力前，受託人只是保管受託人，此種信託對於確保行為能力正常期中財產好好營運，同時在成為無行為能力後，又能得到保障之人，乃理想

之財產管理方式。

二、特色: 受益人對財產保留重要權力

有財產之人只須移轉財產予受託人,指定自己或他人為受益人,在他（委託人）行為能力正常期中,對財產仍保留控制權,但到了無行為能力時,他指定之受託人成為完全之受託人,為他管理運用該財產。如他一時成為無行為能力,則於其回復能力時,可重新行使其對財產之控制權。如他欲終止該保管信託時,可隨時簡易予以終止。

1.為了確保一旦變成無行為能力時,對管理其財產之人不致失去控制,故最適於老人利用此種信託。

2.長期出外旅行之人為免旅途中變成無行為能力,亦可利用此種信託（而不用授權書）。

三、優　點

㈠在信託關係各方面,包括受託人之權限與義務,係由該法律加以規定,故委託人成立此種信託,不需訂立詳細信託文件,手續簡便。

㈡受益人變成無行為能力時,信託以附裁量權之信託 (discretionary trust) 之型態繼續有效,此時受託人成為完全之受託人,故法院不需指派財產管理人 (conservator) 接管信託財產。

㈢此信託基於受益人之意願而成立,任何受益人可終止該信託中涉及其個人之部分。

㈣信託受益人可指示受託人向其給付收益。

㈤受益人可指示受託人將信託財產加以投資與管理。

㈥受益人可以簡單書面指示受託人,於受益人死亡時,按受益人喜好之方式,將信託財產加以分配。該書面並非遺囑,除非受益人使它成為遺囑,該財產之分配不需經過遺囑驗證 (probate) 之手續。

第三節　清算信託

　　在美國尚有一種稱為清算信託 (liquidation trust) 之信託安排。原來在過去公司開始清算資產時，必須在一定日期前完成清算程序，以符合稅法或其他法規之要求。例如在 1986 年前，公司為了使清算程序享有有利之稅法上待遇，須於開始日起一年內完成清算手續。如公司不能在規定時限（通常因尚未將其所有資產轉換為最後分配予股東所需之現金）完成時，公司可為了股東之利益，將其所有資產移轉予一個信託，以完成此清算手續。此種清算信託之唯一目的係在完成出售資產，然後將買賣之純所得分配予各股東。其結果，此種信託通常在聯邦所得稅方面被視為一設立人信託 (grantor trust)，而所有收益按各股東所享有信託之受益權之比例，向股東課稅。因此此種信託可讓公司在稅法或其他法律所定時限內，完成清算手續，即使實際上清算尚未完成，仍可由該信託繼續予以完成❸。

---

❸　Leimberg, et al., The New New Book of Trusts, p. 389.

第二十四章　信託與賦稅

　　信託在英美為有效資產規劃之利器，稅法對信託問題規定頗為細緻、也對信託之設立予以不少獎掖，有助於信託之應用與發達。換言之，人們可透過信託減少稅負，亦為信託常被利用之原因❶。我國在國內 2001 年立法院為配合信託法與信託業法之施行，修正所得稅法、遺產及贈與稅法、加值及非加值型營業稅法、土地稅法、房屋稅條例及契稅條例，作為信託行為課稅之準繩，財政部且對相關信託稅法發布不少解釋函令加以補充。

　　究竟信託在現行法下，如何課稅？有何優惠？是否充分？有關規定是否符合信託原理或法理？不但為關係人所關心，且更攸關信託在我國發展之前途，故信託之稅負問題實亦為信託之基本問題，值得朝野重視。惟因信託課稅問題涉及甚廣，有關各種稅法規定頗為繁雜，而國內稅法之研究可謂萌芽不久，致熟諳信託原理兼信託稅制之人才與專著，更為難得，概可想見。以下僅能就現行稅法有關規定摘要加以介紹，至對於其規定之深入批判則有待培養專家加速努力。

第一節　信託課稅之原則

一、信託稅制之基礎理論

　　欲使信託課稅公平合理，應正確把握信託之本質。按信託財產形式上所有權雖歸屬於受託人，但實質上信託利益由受益人享受，在此情形下，如何避免重複課稅而達到稅負公平之目的，有賴於健全課稅理論之建立。

　　關於信託稅制之基礎理論，基本上有信託導管說與信託實體說之對立，分述如下：

（一）**信託導管說** (trust conduit theory)

---

❶　我國在民國 70 年代研議引進信託制度之初，主管機關對信託制度之繼受亦不無可能導致避稅，減少稅收之疑慮。

依據信託導管說，信託僅係一種媒介或導管 (conduit)，由於委託人欲使受益人（自己或他人）享有信託利益，利用信託此種媒介，透過受託人移轉信託財產及其收益予受益人，達成將財產利益輸送予他人之目的。換言之，信託雖須由委託人將信託財產移轉於受託人，但此僅係財產權形式之移轉，並非實質之移轉，受益人才是實質信託財產及其收益之所有人；故不得對受託人或信託財產課稅，而應以實質享受信託利益之受益人作為課徵賦稅之對象，始能達成實質課稅、稅捐公平等稅捐基本原則。此說之優點為著重經濟實質、重視實質所得，可避免納稅義務人藉信託分散所得，規避累進稅率之課徵。但缺點為課稅技術複雜不易克服，且增加課稅行政之勞費。例如成立他益信託時，如認為發生贈與事實，應課徵贈與稅，但在受託人完全履行信託義務前，亦即在受益人實際取得信託利益前，贈與尚難認為真正完成，況委託人與受益人有時尚可終止信託。按信託稅法主要目的既在防止納稅義務人假借信託名義逃稅，信託導管說雖有瑕疵，但較符合經濟實質與租稅公平原則，因此先進國家原則上多採取信託導管說作為課稅之理論基礎。我國信託稅法亦以此說為主要理論依據（參照遺產及贈與稅法第 5 條之 2、所得稅法第 3 條之 2、土地稅法第 28 條之 3、契稅條例第 14 條之 1、營業稅法第 3 條之 1）❷。

㈡信託實體說

此說與信託導管說不同，將信託財產視為獨立課稅之法律主體 (legal entity)，以為信託營運所生之利益均由信託財產承受，故應對信託財產本身課稅，而不問信託財產所生之收益是否分配予受益人。依此說，信託與信託財產為一實體，除作為委託人與受益人財產輸送之導管外，容許因信託所增加之利益在信託財產累積及儲存。由於信託財產可累積或延緩交付，受益人可利用此段期間，調節年度所得，不免產生租稅規避行為。此說之

---

❷ 據云現行有關信託稅法規定不合信託原理之處不少，且財政部對於信託課稅不少解釋有牴觸相關稅法與信託稅制特有課稅原則之處。參照李曜崇，〈現行信託稅制實務問題探討──以國稅為中心〉，載台灣信託協會主辦「2007 信託法制發展趨勢研討會」論文集。

優點為易於執行，但缺點為未考慮經濟實質上信託所得歸屬之對象，有違實質課稅原則。又無須追溯信託收益之歸屬，易使信託淪為納稅義務人規避個人所得累進課稅之結果，不符量能課稅與課稅公平原則。

二、我國現行法上信託課稅之原則

㈠實質課稅之原則

在十幾年前即信託法未完成立法前，由於國人對信託未有清晰觀念，致主管課稅機關往往將信託關係所生之形式財產權移轉，誤認為已有財產權之實質移轉，致先對受託人課了一層稅，以後受託人分配收益予受益人時，又對受益人課稅，而發生二重課稅或重複課稅之現象。自信託法施行後，主管稅收之官署對信託本質之認知已有改變，而改採實質課稅之原則。

㈡所得發生時課稅之原則

在信託為防止信託所得累積不分配，我所得稅法規定，信託財產發生之收入，受託人應於所得發生年度，計算受益人之各類所得額，由受益人併入當年度所得額課稅（所得稅法第 3 條之 4 第 1 項）。

但共同信託基金，證券投資信託基金或其他信託基金，如亦按發生時課稅原則課稅，實際不無窒礙難行，故所得稅法規定，此際信託利益於實際分配時，由受益人併入分配年度之所得額，依所得稅法規定課稅（所得稅法第 3 條之 4 第 6 項），是為此原則之例外，又符合第 4 條之 3 各款規定之公益信託，信託利益於實際分配時始對受益人依該法課稅，亦為此原則之例外。

㈢稽徵便利之原則

按受託人雖非信託收益之實質權利人，但為確保稅負公平，防止有人利用信託名義規避稅負計，稅法原則上固以信託利益實質所得之人或信託財產實質歸屬之人為納稅義務人，但為便於課徵、簡化手續，降低稽徵成本起見，亦改採簡便有效方式，即直接對受託人課稅。因依信託法規定，受託人之支出最後仍可透過求償機制，自信託財產或向受益人受償。易言之，最後稅捐仍係由實質課稅原則所定之人負擔之故。例如信託財產為土

地時，於信託關係存續中，以受託人為地價稅或田賦之納稅義務人（土地稅法第 3 條之 1 第 1 項），又有償移轉所有權或轉為自有土地時，以受託人為土地增值稅之納稅義務人（土地稅法第 5 條之 2 第 1 項）。又營利事業以契約設立他益信託者，本應於信託成立年度對受益人課徵所得稅，但如受益人不特定或尚未存在者，則以受託人為納稅義務人，由其按規定之扣繳率報繳所得稅（所得稅法第 3 條之 2 第 1 項、第 4 項）。

三、課稅種類

信託設立後可能涉及贈與稅、遺產稅、所得稅、土地稅、土地增值稅、契稅、房屋稅及營業稅等，其中以贈與稅與遺產稅及所得稅較為重要。

第二節　贈與稅與遺產稅

一、贈與稅暨遺產稅之課徵對象

依我國稅法，個人或營利事業以財產贈與他人，或個人死亡而有遺產遺與他人者，原則負擔贈與稅、遺產稅或所得稅。即其情形可分為：

㈠個人以財產（包括常住國內之國民在我國境內或境外之財產，及其他之人在我國境內之財產）贈與他人者，原則上對贈與人課徵贈與稅。

㈡經常居住境內之個人死亡而遺有財產者，或其他之人死亡而在境內遺有財產者，應課徵遺產稅。

㈢營利事業以財產贈與他人時，受贈人為個人者，應對受贈之個人課徵綜合所得稅；受贈人為營利事業者，則對受贈之營利事業課徵營利事業所得稅。

二、信託與贈與稅及遺產稅

以上三類接受財產權贈與或繼承之人，所以負擔稅捐，係因依民法贈與、繼承等法律關係，實質取得財產上權利或利益（受贈人、繼承人）。反之，在信託，受託人雖接受財產權移轉，但並不享受信託利益或成為信託

財產之歸屬權利人。又個人以其財產贈與他人或死亡而遺有財產予他人者，依遺產及贈與稅法之規定，原應課徵贈與稅或遺產稅。但在信託，個人以契約設立信託（生前信託），如信託利益由委託人全部享有（自益信託）者，因無贈與之問題，故不課徵贈與稅；如信託利益之全部或一部之受益人為委託人以外之人（他益信託）時，視為委託人將受益權贈與該受益人，故應對委託人課徵贈與稅。換言之，由於信託性質複雜與一般贈與不同，故有關稅負問題，須在遺產及贈與稅法、所得稅法一般規定之外，另設規定加以解決。

　　又遺囑信託於遺囑人死亡時，應將信託財產併入遺囑人之遺產總額，課徵遺產稅，此點與英美法律為獎掖信託事業，規定此時不課徵遺產稅不同，致成立信託在稅捐上之實益打了折扣。稅法又規定，如在信託關係存續中受益人死亡時，就其受益權未領部分，對其繼承人課徵遺產稅。

三、信託行為成立或生效時之稅負（委託人為個人之情形）

　　信託行為依設立方式之不同，可分為生前信託（契約信託）、遺囑信託與宣言信託。分別說明如次：

㈠設立生前（契約）信託時之稅負

　　生前信託是否課徵贈與稅，視其性質究為自益（受益人為委託人自己）或他益（受益人為第三人）信託以及究係私益或公益信託而定。

1.信託利益由受益人全部享有者

　　信託利益包括信託財產所生之收益與信託財產之原本。信託利益由委託人全部享有者，在信託設立時，委託人與受託人間雖有財產權之移轉或處分，惟因委託人並非將財產無償給予他人，故不課徵贈與稅（遺產及贈與稅法第5條之2第1款）。

2.信託利益非由委託人全部享有者

　　此種情形，包括信託財產原本及孳息全部由委託人以外之人享有，及部分由委託人享有，部分由他人享有兩種。依遺產及贈與稅法（第5條之1第1項）規定，視為委託人將受益權贈與該受益人，應對委託人課徵贈

與稅。

3.委託人以公益為目的設立之信託（公益信託）

由於公益信託之目的係在促進公共利益與社會福祉，在稅法上宜予以優惠，俾利公益事業之推動。惟國家為防範有人假公益之名而有避稅、脫法或利益輸送之實，對於稅負減免，加以限制。故遺產及贈與稅法（第 20 條之 1）規定，個人提供財產成立、捐贈或加入同法第 16 條之 1 第 1 款至第 3 款規定之公益信託者，受益人得享有信託利益之權利，不計入委託人個人之贈與總額（即委託人不負擔贈與稅），但須符合下列條件：

⑴受託人為信託業法上之信託業。

⑵公益信託除為其設立目的舉辦事業而必須支付之費用外，不以任何方式對特定或可得特定之人給予特殊利益。

⑶信託行為明定信託關係解除、終止或消滅時，信託財產移轉於各級政府、有類似目的之公益法人或公益信託。

但由於限於以信託業為受託人之情形，始可免贈與稅，此點是否適當在法理上頗有疑問，因信託法並無限制公益信託受託人之資格，且信託業乃營業法人，性質上是否適合擔任公益信託之受託人，理論上並非全無疑問❸，即使適合，但公益信託並無必須由信託業辦理之充分理由，律師、會計師擔任受託人，何以不能辦理免稅，殊欠有力根據，且難索解。

㈡遺囑信託生效時之稅負

遺囑信託必為他益信託，如何課稅，分述如次：

1.遺囑信託於遺囑人死亡時課徵遺產稅

遺囑信託，依遺產及贈與稅法規定，於遺囑人死亡時，信託財產應併入遺囑人之遺產總額，課徵遺產稅（第 3 條之 2 第 1 項）。委託人雖無償給予受益人或歸屬權利人，但因贈與稅屬遺產稅之輔助稅，對委託人之遺產全部既已課徵遺產稅，故對其信託部分之財產不再課徵贈與稅❹。

2.以遺囑設立公益信託者，無優惠之規定

❸ 此問題在日本即發生疑問，參照第二章〈公益信託〉之說明。

❹ 台灣金融研訓院，《信託法制》（95 年版），p. 311。

遺囑人以遺囑設立公益信託者，遺產及贈與稅法中並無信託財產不計入遺產總額之明文規定；因遺產及贈與稅法第 16 條之 1 僅規定，遺贈人（按雖未規定遺囑人，但似包含遺囑人在內）提供財產捐贈或加入於被繼承人死亡時已成立之公益信託，並符合該條各款規定，即受託人為信託業，不予特定人特殊利益，以及信託行為明定信託關係消滅時，信託財產移轉於各級政府、有類似目的之公益法人或公益信託時，該財產始不計入遺產總額，對於遺囑生效後始成立之遺囑信託並無類似規定。亦即依文義解釋，以遺囑設立之公益信託，縱符合遺產及贈與稅法第 16 條之 1 所定之各款要件，其信託財產仍應併入遺囑人之遺產總額，課徵遺產稅，此點與生前成立之公益信託相較，待遇不如，不但有欠合理，且不符國家應獎掖公益信託之旨趣，此種立法上之疏漏，似應加以補救。

㈢設立宣言信託時

依信託法第 2 條及第 71 條第 1 項規定，在我國僅有法人得設立以公益為目的之宣言信託，由於自然人始須徵收贈與稅，故此時不發生課徵贈與稅之稅負問題❺，但在社區信託（乃宣言信託之一種）除法人外，尚有無數加入為委託人之自然人，此時如何課稅，遺產稅與贈與稅法尚乏明文，此種缺漏有待補充，以免影響社區信託之推動。

四、信託關係存續期中

㈠受益人死亡時

就受益人受益權之未領受部分課徵遺產稅：受益人於信託關係存續中死亡時，除依受益權性質或信託行為另有訂定外，由受益人之繼承人繼承其受益權。於此情形，應就受益人受益權之未領受部分，依遺產及贈與稅法之規定課徵遺產稅（第 3 條之 2 第 2 項）。

㈡受託人變更時

受託人變更可分為兩種情形，即(1)在共同受託人中之一人任務終了時，信託財產歸屬於其他受託人與(2)在受託人變更時，信託財產視為於原受託

---

❺　同❹，p. 312。

人任務終了時，移轉於新受託人（信託法第 47 條）。惟無論何種情形，均無信託財產權利之實質移轉。故規定：信託關係存續中，受託人變更時，信託財產在原受託人與新受託人間移轉或為其他處分，不課徵贈與稅（遺產及贈與稅法第 5 條之 2 第 2 款）。

(三)受託人交付信託財產於受益人時

委託人為個人者，在信託關係存續中，受託人依信託本旨交付信託財產於受益人時，因在信託成立或生效時，已課徵贈與稅或遺產稅，故此時不再課徵贈與稅（遺產及贈與稅法第 5 條之 2 第 3 款）。

(四)自益信託變更為他益信託時

信託關係存續中，委託人如將自己享有之受益權全部或一部變更為他人享有者（但似限於可撤銷之信託，始有此可能）；應於變更信託契約之日，視為委託人將其享有之受益權贈與他人，故應課徵贈與稅（遺產及贈與稅法第 5 條之 1 第 1 項、第 2 項及第 24 條之 1）。

(五)委託人追加信託財產

他益信託成立後，委託人追加信託財產，致增加受益人受益權者；應於追加之日，就增加部分，以委託人為納稅義務人，課徵贈與稅（遺產及贈與稅法第 5 條之 1 第 3 項）。

五、信託關係消滅時

信託關係消滅時，依信託法第 65 條規定，其信託財產歸屬於信託行為所定之歸屬權利人；無信託行為所定歸屬權利人者，歸屬於享有全部信託利益之受益人；無享有全部信託利益之受益人者，信託財產回歸為委託人所有；委託人死亡者，歸屬於其繼承人。分述如次：

(一)信託財產歸屬於信託行為所定歸屬權利人或受益人之情形：此乃信託受益權之實現，且因以前已課贈與稅，故此時不課徵贈與稅（遺產及贈與稅法第 5 條之 2 第 4 款）。

(二)信託財產回歸於委託人之情形：此時因無贈與事實，故不課徵贈與稅（條款同上）。

㈢信託財產歸屬於委託人之繼承人之情形：此時，應就該信託財產課徵遺產稅。

六、信託行為不成立、無效、解除或撤銷之情形

信託行為不成立、無效、經解除或撤銷者，信託財產於受託人與委託人間移轉或為其他處分，乃法律關係之回復原狀，故不課徵贈與稅（遺產及贈與稅法第 5 條之 2 第 5 款）。

第三節　所得稅

依所得稅法，營利事業贈與他人財產者，應對受贈人課徵所得稅，因此在信託委託人為營利事業時，發生是否課徵所得稅之問題❻，分述如次：

一、信託行為成立時

㈠不對受託人課徵所得稅

營利事業成立生前信託者，委託人形式上雖有將財產權移轉與受託人或為其他處分，惟並非將財產無償給予受託人，且對受託人只是形式移轉，故不對受託人課徵所得稅（所得稅法第 3 條之 3 第 1 項第 1 款）。

㈡自益信託不課徵所得稅

營利事業以自己為受益人設立信託者，因並無自他人取得所得，故不課徵所得稅。

㈢他益信託應課徵所得稅

營利事業不課徵贈與稅（贈與稅為遺產稅之輔助稅），故所設立之他益信託，對受益人課徵所得稅。受益人應將享有信託利益之權利價值，併入成立年度所得額，課徵所得稅（所得稅法第 3 條之 2 第 1 項）。惟所得稅法第 3 條之 4 第 1 項有規定所得額之計算方式而與遺產及贈與稅法權利價值之估定有所不同。又在受益人不特定或尚未存在之情形，該法規定以受託

---

❻　依我國遺產及贈與稅法第 3 條規定，贈與稅課徵對象是中華民國國民（自然人），並不對營利事業課贈與稅。

人為納稅義務人。此時，受託人應就信託成立年度受益人享有信託利益之權利價值，於法定期限內申報納稅（所得稅法第 3 條之 2 第 4 項）。

㈣公益信託之優惠

1.受益人免納所得稅

為維護公益，營利事業提供財產成立、捐贈或加入符合一定標準之公益信託者，受益人就其受益權享有該信託利益之權利價值免納所得稅，其要件如下：

(1)受託人為信託業法上之信託業。

(2)該公益信託原則上不以任何方式對特定或可得特定之人給予特殊利益。

(3)信託行為明定信託關係解除、終止或消滅時，信託財產移轉於各級政府、有類似目的之公益法人或公益信託（所得稅法第 4 條之 3）。但何以個人成立之公益信託，受益人就其受益權不能比照營利事業之情形免納所得稅，令人納悶。

2.成立、捐贈或加入公益信託之財產適用捐贈之規定

依所得稅法規定，個人及營利事業成立、捐贈或加入符合上開(1)(2)(3)條件之公益信託之財產，適用該第 17 條（扣除）及第 36 條（列為年度費用或損失）有關捐贈之規定（第 6 條之 1）。

二、信託關係存續中

㈠受託人、受益人變更或信託財產變動之情形

1.受託人變更時

信託關係存續中因受託人變更，信託財產變更為新受託人名義時，因僅屬形式上之移轉，新受託人並無實質所得，故不課徵所得稅（所得稅法第 3 條之 3 第 1 項第 2 款）。

2.自益信託變更為他益信託時

委託人於信託契約明定信託利益之全部或一部分之受益人為委託人。如在信託關係存續中，將受益人變更為非委託人（按似限於不可撤銷之信

託，始有可能）時，即將信託利益中自益部分改為他益，該非委託人之受益人應將其享有信託利益之權利價值，併入變更年度之所得額，課徵所得稅；受益人不特定或尚未存在者，以受託人為納稅義務人，就變更年度受益人享有信託利益之權利價值，申報納稅（所得稅法第 3 條之 2 第 2 項、第 4 項）。

3.他益信託委託人追加信託財產時

委託人（營利事業）於信託關係存續中追加信託財產，致增加受益人收益權者，認定發生贈與行為，該受益人應將其享有信託利益之權利價值增加部分，併入追加年度之所得額，課徵所得稅（所得稅法第 3 條之 2 第 3 項）。

4.受託人依信託本旨交付信託財產時

在自益信託，受益人（即委託人）本無取自他人之所得；如為他益信託，於信託成立時已對受益人課所得稅，故不再課徵所得稅（所得稅法第 3 條之 3 第 1 項第 3 款）。

(二)因管理或處分信託財產之所得

1.自信託財產或信託管理行為發生之收入應課徵所得稅

(1)由受益人併入其所得額課徵所得稅：信託財產發生之收入，受託人應於所得發生年度，按所得類別，減除成本、必要費用及損耗後，分別計算受益人之各類所得額。由受益人併入當年度所得額課稅(所得稅法第 3 條之 4 第 1 項)。在英美常有受託人保留信託利益暫不分配予受益人之情形，尤以有裁量權之信託為然，但我稅法如此規定，顯然排除如此情形，其理由除似因政策上不欲受益人保留信託利益外，亦因如仿照美國制度，則須另訂信託之所得稅率，於實際分配時重新計算受益人以往年度所得稅額、扣抵等繁瑣之手續，增加立法之複雜與困難，故採日本制度，明定因信託而發生所得時，應列為受益人發生年度之所得納稅❼，以致在現行法下無異強制分配信託收益與禁止成立有裁量權之信託。

---

❼　參照財政部「信託課稅相關稅法條文增訂草案暨座談會總說明」。

(2)多數受益人、不特定受益人或尚未存在之情形：應課徵受益人所得稅❽。受益人有二人以上時，受託人應按信託行為明定或可得推知之比例，計算各受益人之各類所得額；其計算比例不明或不能推知者，應按各類所得受益人之人數平均計算之。受益人不特定或尚未存在而無法課稅者，為確保稅收並防止蓄意避稅行為，規定此時以受託人為納稅義務人，負扣繳義務，申報納稅（所得稅法第 3 條之 4 第 2 項、第 3 項）。

(3)公益信託與特定信託基金之信託利益於實際分配時課稅：符合所得稅法第 4 條之 3 各款規定之公益信託，又共同信託基金、證券投資信託基金，或其他經財政部核准之信託基金，其信託利益於實際分配時，由受益人併入分配年度之所得額課稅（所得稅法第 3 條之 4 第 5 項、第 6 項）。

2.受託人在所得稅法上之義務與責任

依所得稅法，受託人就信託財產有設置帳簿、計算受益人所得、申報扣繳稅額資料、填發扣繳憑單或免扣繳憑單等義務，違反可能受到處罰❾。

三、信託關係消滅時

信託關係消滅時，信託財產歸屬於委託人（自益信託之情形）、受益人或其他信託行為所定之歸屬權利人，可認為為受益權之實現，因受益權已於信託成立時課徵贈與稅，故不應再課徵所得稅（所得稅法第 3 條之 3 第 1 項第 4 款）。

---

❽ 按受益人不特定或尚未存在之情形，理論上既未受益，尚不能課所得稅，但所得稅法為納稅便宜起見，規定此時亦課徵受益人所得稅。

❾ 無論受託人係自然人或信託業，均須按年度向國稅局申報受益人之所得，並開具憑單予受益人申報所得稅（所得稅法第 3 條之 4 第 1 項、第 92 條之 1 參照），因此受託人在訂立信託契約後，應向該管國稅局申請配發「信託扣繳統一編號」，以免受罰。

四、信託行為不成立、無效、解除或撤銷時

信託財產因信託行為不成立、無效、解除或撤銷，而由受託人移轉或為其他處分於委託人之情形，乃屬回復原狀之移轉行為，關係人並無所得產生，故不課徵所得稅（所得稅法第 3 條之 3 第 1 項第 5 款）。

第四節　土地稅

一、土地增值稅

信託成立時、存續中及消滅時之稅賦：

1.信託行為成立時

依土地稅法，已規定地價之土地，於土地所有權移轉或設定典權時，原則應徵收土地增值稅（第 28 條、第 29 條）。納稅義務人在土地有償移轉，為原所有權人；在無償移轉，為取得所有權之人；在設定典權為出典人（第 5 條第 1 項）。

所有權人以其土地為信託財產設立信託者，在遺囑信託，其信託之財產應計入遺產總額，課徵遺產稅；在宣言信託，無須為土地之移轉（委託人與受託人為同一人），故以上二種情形均無課徵土地增值稅。至於生前信託，委託人雖有將土地所有權移轉與受託人，惟此乃形式上而非實質上移轉，故亦不課徵土地增值稅（土地稅法第 28 條之 3 第 1 款）。

2.信託行為不成立、無效、解除或撤銷時

信託財產之土地因信託行為不成立、無效、解除或撤銷，而由受託人移轉於委託人時，因係法律關係之回復原狀，故不課徵土地增值稅（土地稅法第 28 條之 3 第 5 款）。

3.信託關係存續中

⑴受託人變更時：土地為信託財產者，信託關係存續中受託人變更時，因非實質之移轉，故不課徵土地增值稅（土地稅法第 28 條之 3 第 2 款）。

⑵有償移轉所有權、設定典權或轉為受託人自有土地時：以受託人為

納稅義務人，課徵土地增值稅（土地稅法第 5 條之 2 第 1 項）。

(3)移轉於委託人以外之歸屬權利人時：受託人依信託本旨移轉信託土地予委託人以外之歸屬權利人時，以該歸屬權利人為納稅義務人，課徵土地增值稅（土地稅法第 5 條之 2 第 2 項）。

4.信託關係消滅時

(1)自益信託之信託關係消滅時：此時信託土地仍回歸為委託人所有，故不課徵土地增值稅（土地稅法第 28 條之 3 第 3 款）。

(2)遺囑信託之信託關係消滅時：因遺囑成立之信託，於遺囑人死亡時，其信託財產已課徵遺產稅。故於信託關係消滅，信託財產由受託人移轉於受益人或歸屬權利人時，不再課徵土地增值稅（土地稅法第 28 條之 3 第 4 款）。

二、地價稅與田賦

㈠納稅義務人

在信託關係存續中，土地為信託財產者，為簡化稽徵手續，降低稽徵成本，以受託人為地價稅或田賦之納稅義務人（土地稅法第 3 條之 1 第 1 項）。

㈡地價稅額之計算

在自益信託，信託之土地應與委託人在同一直轄市或縣（市）內土地合併計算地價總額；在他益信託，則原則上應與受益人之土地合併計算地價總額。

第五節　契稅、房屋稅與營業稅

一、契　稅

㈠信託行為成立時

凡不動產之買賣、承典、交換、贈與、分割或因占有而取得不動產者，除該不動產屬開徵土地增值稅區域之土地外，均應申報繳納契稅（契稅條例第 2 條）。在信託委託人與受託人間形式上雖有所有權之移轉，但委託人

並無將不動產之實質權利贈與受託人,故不因信託行為成立而課徵契稅(契稅條例第 14 條之 1 第 1 款規定)。

㈡信託行為不成立、無效、解除或撤銷時

因信託行為不成立、無效、解除或撤銷,致委託人與受託人間有不動產所有權之移轉,惟此乃回復原狀,故不課徵契稅(契稅條例第 14 條之 1 第 5 款)。

㈢信託關係存續中及消滅時

1.下列情形不課徵契稅

⑴受託人變更,原受託人將信託財產之不動產移轉於新受託人時（契稅條例第 14 條之 1 第 2 款）。

⑵自益信託之信託關係消滅,受託人移轉信託財產之不動產於受益人（即委託人）時（契稅條例第 14 條之 1 第 3 款）。

⑶遺囑信託之信託關係消滅,受託人移轉信託財產之不動產於受益人時（契稅條例第 14 條之 1 第 4 款）。

2.下列情形應課徵契稅

依契稅條例規定,受託人移轉信託財產不動產與委託人以外之歸屬權利人（含他益信託）時,應由歸屬權利人估價立契,申報繳納贈與契稅(第 7 條之 1)。由於已開徵土地增值稅區域之土地免徵契稅,因此一般僅有建物、房屋部分課徵契稅。當然在信託關係存續期間,受託人如有買賣應課徵契稅之不動產（信託財產）或有將其轉為自有財產之情形,則仍應課徵契稅。

二、房屋稅

㈠課徵房屋稅之原則與例外

原則上,各種房屋應課徵房屋稅(房屋稅條例第 3 條)。信託財產之房屋,原則亦應課徵房屋稅。但許可設立之公益信託,其受託人因該信託關係而取得之房屋,直接供辦理公益活動使用者,免徵房屋稅(房屋稅條例第 15 條第 1 項第 11 款)。

㈡納稅義務人

　　房屋為信託財產者，以受託人為房屋稅之納稅義務人；受託人有二人以上者，由共同受託人推定其中一人繳納，不為推定者，由現住人或使用人代繳（房屋稅條例第 4 條第 5 項、第 1 項）。

三、營業稅

㈠原則應課營業稅

　　受託人處理信託事務，在我國境內有銷售貨物或勞務及進口貨物者，原則上，應依加值型及非加值型營業稅法之規定課徵營業稅（加值型及非加值型營業稅法第 1 條參照）。

㈡信託移轉不另課營業稅

　　在信託，因信託行為之成立，或因受託人變更，或因信託行為不成立、無效、解除、撤銷或信託關係消滅，信託財產於信託關係人間（即委託人與受託人，原受託人與新受託人間）之移轉或其他處分，既非銷售貨物或勞務，亦非將供銷售之貨物轉用或無償移轉他人所有（同法第 3 條），故不適用加值型或非加值型營業稅法視為銷售之規定（同法第 3 條之 1），即不另課營業稅。

㈢公益信託免繳營業稅

　　受託人因公益信託而標售或義賣之貨物與舉辦之義演，其收入除支付標售、義賣及義演之必要費用外，全部供作該公益事務之用者，免繳營業稅。又此種標售、義賣及義演之收入，不計入受託人之銷售額（加值型及非加值型營業稅法第 8 條之 1）。

深度研究　我國信託稅賦一覽表

　　為便於讀者了解有關信託稅賦問題起見，特製圖表如次：

一、一般信託

　　㈠信託成立時

　　　　①生前（契約）信託：他益信託視為委託人將享有信託利益之權利

　　　　　　　　　　　　　　贈與該受益人，委託人為自然人時課

　　　　　　　　　　　　　　贈與稅，委託人為法人時課 所得稅

　　　　　　　　　　　　　　自益信託不課 贈與稅

　　　遺囑信託：於遺囑人死亡時，對信託財產課 遺產稅

　　　　②委託人移轉財產權予受託人屬形式移轉，不課 所得稅 、 贈與稅 、

　　　　　土地增值稅 、 契稅 、 營業稅

　　(二)信託關係存續期間

　　　　①受託人交付信託財產不課 所得稅 、 贈與稅

　　　　　信託財產發生之收入按所得發生年度，對受益人課 所得稅（受益

　　　　　人不特定或尚未存在者，以受託人為納稅義務人）

　　　　②持有信託財產課 地價稅 、 田賦 、 房屋稅

　　　　③管理或處分信託財產發生之所得課 所得稅 、 土地增值稅

　　　　④受託人變更——形式移轉不課 所得稅 、 贈與稅 、 土地增值稅 、

　　　　　契稅 、 營業稅

　　　　⑤受益人死亡課 遺產稅

　　　　⑥受益人處分受益權，依現行法課稅

　　(三)信託關係消滅

　　　生前（契約）信託：他益信託信託財產為土地，課 土地增值稅

　　　　　　　　　　　　歸屬權利人不動產課 契稅

　　　　　　　　　　　　其他不課 所得稅 、 贈與稅

　　　　　　　　　　　　自益信託均不課稅

　　　遺囑信託：均不課稅

二、公益信託

　　(一)成立時

　　　　①原則不課 所得稅 、 贈與稅 或 遺產稅

　　　　②營業事業為委託人，且受託人為信託業及合於一定要件時，受益

　　　　　人免課 所得稅

　　③委託人為自然人時，適用所得稅 捐贈扣除 規定

㈡存續中

　　①實際分配信託利益，對受益人課 所得稅

　　②持有信託財產，免徵 地價稅 、 田賦 、 房屋稅

　　③處分信託財產（標售、義賣之貨物與義演）之收入符合一定標準
　　　者不課 營業稅

㈢消滅時

　　依一般信託及現行稅法規定處理

主要參考文獻目錄

英 文

一、專 書

- Hayton, The Law of Trusts (4 ed.) (Sweet & Maxwell, 2003)
- The American Bar Association, Guide to Wills & Estates (Random House, 1995)
- Andersen, Gaubatz, Bloom & Solomon, Fundamentals of Trusts & Estates (Matthew Bender, 1996)
- Haskell, Preface to Wills, Trusts & Administration (2 ed.) (1994)
- McInnis, Trust Functions and Services (American Institute of Banking, 1971)
- Clarke, Jack W. Zalaha, August Zinsser III, The Trust Business (American Bankers Association, 1988)
- Rikoon, Managing Family Trusts (John Wiley & Sons, 1999)
- Martin M. Shenkman, The Complete Book of Trusts (2 ed.) (John Wiley & Sons, 1997)
- Henry W. Abts III, The Living Trust (Contemporary Books, 1989)
- Bogert, Oaks, Hansen, Neeleman, Cases and Text on the Law of Trusts (7 ed.) (Foundation Press, 2001)
- Oakley, The Modern Law of Trust (Sweet & Maxwell, 16 ed., 1994)
- Restatement of the Law Second, Trusts, 2d (American Law Institute, 1973)
- Esperti & Peterson, Loving Trust, The Smart, Flexible Alternative to Wills and Probate (Penguin Books, 1991)
- Perspective of Law, Essays for Austin Wakeman Scott (Little Brown, 1964)
- Ramjohn, Sourcebook on Law of Trusts (Cavendish Publishing Ltd., 1995)

- Pettit, Equity and the Law of Trusts (Butterworths, 5 ed.)
- Zabel, The Rich Die Richer and You Can Too (Willy & Inc., 1995)
- Bogert, Trusts & Trustees (West Publishing Co., 1965)
- Bogert, Trusts (Hornbook Series) (6 ed.) (West Publishing Co., 1987)
- Mennell, Wills and Trusts in a Nutshell (West Publishing Co., 1979)
- Scoles, Halbach, Link, Roberts, Problems and Materials on Decedents, Estate and Trusts (Aspen, 2000)
- Scott, The Law of Trusts (3 ed.) (Little Brown, 1967)
- Scott, Abridgment of the Law of Trusts (Little Brown, 1960)
- Underhill, Law of Trusts and Trustees (9 ed.) (Butterworths, 1939)
- McClintock on Equity (Hornbook Series) (2 ed.) (West Publishing Co., 1948)
- Bogert, Trusts and Trustees (2 ed., 1960)
- Gerry W. Beyer, Wills, Trusts and Estates (2 ed.) (Aspen Law & Business, 2002)
- Dobris & Sterk, Ritchie, Alford & Effland, Estates and Trusts: Cases and Materials (Foundation Press, 1998)
- Clifford & Jordan, Plan Your Estate (Nolo, 2000)
- Reutlinger, Wills, Trusts and Estates: Essential Terms and Concepts (Little Brown, 1993)
- Leimberg, et al., The New New Book of Trusts (Leimberg Associates , Inc., 2002)
- Gregor, Trust Basics—An Introduction to the Products & Services of the Trust Industry (American Bankers Association, 2003)
- Edwards & Stockwell, Trusts & Equity (3 ed.) (Financial Times, Pitman Publishing, 1997)
- Hanbury, Modern Equity (7 ed.) (Stevens & Sons, 1957)
- Clarke, Zalaha & Zinsser, The Trust Business (American Bankers

Association, 1988)

二、期　刊

・Trusts & Estates

日　文

一、專　書

・四宮和夫,《信託法》(新版)(有斐閣, 1989)

・松本崇,《信託法(特別法コンメンタール)》(第一法規, 昭和47年)

・三菱信託銀行研究會,《信託の法務と實務》(三訂版)(金融財政事情研究會, 平成10年)

・能見善久,《現代信託法》(有斐閣, 2004)

・海原文雄,《英米信託法概論》(有信堂, 1998)

・山田昭,《信託の話》(東洋經濟, 1984)

・田中實,《信託法入門》(有斐閣, 1992)

・田中實,《公益法人と公益信託》(勁草書房, 昭和55年)

・田中實、山田昭,《信託法》(學陽書房, 1989)

・鴻常夫,《商事信託法制》(有斐閣, 1998)

・道垣內弘人、大村敦志、滝澤昌彥,《信託取引と民法法理》(有斐閣, 2003)

・小林桂吉,《信託銀行讀本》(改訂新版)(金融財政事情研究會, 昭和58年)

・ドノヴアン、W. M. ウォーターズ著, 新井誠編譯,《信託の昨日、今日、明日》(日本評論社, 2000)

・G. W. キートン、L. A. シエリダ著, 海原文雄、中野正俊監譯,《イギリス信託法》(有信堂, 1988)

・新井誠,《高齡化社會と信託》(有斐閣, 1995)

・新井誠,《信託法》(有斐閣, 2002)

・新井誠,《新信託法の基礎と運用》(日本評論社, 2007)

・知的財產研究所,《知的財產權の信託》(雄松堂, 2004)

- 吳文炳，《信託論》（日本評論社，昭和 11 年）
- 《信託の實務》（經濟法令研究會，昭和 61 年）
- 《信託實務のコンサルタント》（經濟法令研究會，昭和 45 年）
- 細矢祐治，《信託經濟概論》（文雅堂，昭和 13 年）
- 細矢祐治，《信託法理と信託法制》（巖松堂，大正 15 年）
- 大阪谷公雄，《信託法の研究》（上下）(1991)
- 信託協會編，《信託實務講座》（全八卷）（有斐閣，昭和 37 年）
- 別冊 NBL 編集部，《信託法改正要剛試案と解說》（商事法務，平成 17 年）
- 新井誠，《信託法》（第三版）（有斐閣，2008）
- 小野傑、深山雅也，《新しい信託法解說》（三省堂，2007）
- 野村アセット投信研究所，《投資信託の法務と實務》（金融財政事情研究會，2002）

二、期 刊

- 《信託》
- 《信託法研究》

中 文

- 楊崇森，《信託與投資》（正中書局，民國 66 年）
- 朱柏松，《公有土地信託之研究》（行政院研考會，民國 87 年）
- 方嘉麟，《以比較法觀點論信託法制繼受之問題》（月旦出版，民國 83 年）
- 方嘉麟，《信託法之理論與實務》（元照，2003）
- 朱斯煌，《信託總論》（中華書局，民國 30 年）
- 史尚寬，《信託法論》（商務印書館，民國 61 年）
- 陳福雄，《信託原理》（華泰文化，2003）
- 於趾琴主編，《新金融商品大觀》（聯經，2003）
- 陳月珍，《信託業的經營與管理》（金融人員研訓中心，民國 85 年）
- 林隆昌，《信託、保險、節稅規劃》（永然文化，民國 92 年）
- 《我國信託業務未來發展方向之研究》（專題報告）（中央信託局，民國

78 年）

· 溫俊富，《實用信託法》（正典出版文化有限公司，民國 96 年）

· 謝哲勝，《信託法》（元照，2007）

· 台灣金融研訓院，《信託實務》（民國 95 年）

· 台灣金融研訓院，《信託法制》（民國 95 年）

· 賴源河、王志誠，《現代信託法論》（五南圖書出版公司，民國 90 年）

· 《法務部信託法研究制定資料彙編》（一、二、三冊）（法務部，民國 83 年）

專利法理論與應用　楊崇森／著

　　專利法同時涉及法律與技術層面，但坊間並無深入有系統之書籍，使讀者每以未能入門為苦，本書正可補此缺憾。作者以其湛深學術素養與豐富行政經驗，針對專利法上各種問題，參考各國與國際公約之理論與現況，從不同角度加以深入析述，並佐以實例說明，理論與實務並重，深度與廣度兼顧，且提出作者個人見解，使讀者對深奧之專利法理論與實際運作易於通曉，無論對學術界與實務界都是一本難得的好書。

商事法　劉渝生／著

　　本書採用教科書之形式編寫，其內容包括商業登記法、公司法、票據法、海商法、保險法及公平交易法六大部分。讀者在閱讀本書時，可參照相關法律條文逐次研讀，可使體系及內容更加明確。在各章、節後附有問答題，可測知讀者了解程度。一般之問答題為參加國內各類考試應予加強重點所在，實例式之問答題則有助於將理論與實際融為一爐，讀者解答後，不但會有豁然貫通之感，且學習興趣亦能相對提高。

銀行法　金桐林／著

　　本書係作者根據實際從事銀行業務及實務之體驗，將現行銀行法分十一章，條分縷析，逐一闡釋立法意旨及精義所在，更索引友邦國家之銀行法規及銀行制度以為參證；其他如相關之貨幣銀行學理論、主管機關依據銀行法制定之管理規章，與補充性、解釋性之規定，亦予以介紹。本書立論務期新穎，取材力求實用，可作為銀行從業人員之參考，大學商、法科學子之補充，以及各界人士準備各類考試之最佳用書。

證券交易法導論　廖大穎／著

　　證券交易法制是一門隨著時間快速變化的學科。本書在章節安排與內容編寫上，試圖以最基礎的市場法制體系，引領初學者一窺證券交易法之內涵，使修習證券交易法課程的同學，能在短時間內掌握一個簡明而完整的輪廓。本書共分十一章，就發行市場、流通（交易）市場的規制、證券法制與企業秩序、證券交易機關之構造及民國九十八年最新修正的證券投資人保護法等主軸，依照現行法典所規範的內容撰寫而成，是一本淺顯而易懂的參考書籍。

民法概要　劉宗榮／著

　　本書配合我國民法最近三年關於行為能力、保證、所有權、用益物權、擔保物權、占有、結婚、離婚、夫妻財產制、父母子女、監護、限定繼承及拋棄繼承等的修正，內容大幅更新。全書具有下列特色：1.配合最新民法的修正而撰寫，內容完備，資料最新。2.闡釋重要理論，吸納重要裁判，理論與實務兼備。3.附有多幅法律關係圖，增進理解，便利記憶。4.各章附有習題，自修、考試兩相宜。

民法總則　鄭玉波／著；黃宗樂／修訂

　　民法為私法之基本法，而民法總則又為民法之基本部分，舉凡私法上之原理原則，如私權之主體——人、私法之客體——物，及私權之變動——行為等基本問題，胥在於斯，故習法者必以民總為始，而用法者亦必以民總為重。本書以我國民法總則編為主要之論究對象，除對於上述之基本問題，均分別予以剖述外，並置重於外國法例之比較及特殊問題之探究。本書並配合法律修正加以修訂，以期盡善盡美。

民法物權　謝哲勝／著

　　本書以「九十六年三月修正的擔保物權」、「九十八年一月修正的通則、所有權」與「九十九年一月修正的用益物權和占有」最新條文為論述依據，除對於物權編的規定為全面性論述外，並探討特別法有關物權的規定。本書具有下述特色：一、重視法律的本土化。二、採經濟分析方法。三、重推理而非資料的堆砌。四、引用美國法資料。五、例題暨解題分析。

民法繼承新論　陳棋炎、黃宗樂、郭振恭／著

　　本書係以民法繼承編為論述對象，並就九十八年六月十日與十二月三十日修正公布之條文為解說及評論，兼顧理論與實務，既適合採為教科書，復可供辦案研究之參考。特色有五：一、除解釋現行法條外，並略述各種制度之沿革，以明各種制度之來龍去脈。二、整理判例、解釋例及其實務上之見解，並加以評釋。三、整理各家學說，並附陳己見，對於各項爭點，更詳加剖析。四、重視比較法的觀察，把握諸外國法制，以助問題之解決。五、對於修正部分，詳加介述解說，使其落實於民法繼承體系中。

法學概論　　陳惠馨／著

　　本書探討法律的概念、法律的定義、法律與其他社會規範的關係及其他法律相關議題。為確實反映社會現況、加強理論與實務的結合，作者根據生活中實際發生的案例，年年加以增補修訂，希望使讀者更易明白我國法律規範在實際生活的運作情形。由於國內近年法律的變動十分頻繁，本書在新版中將新修正的法律加以列出，並對於較為受到媒體重視、牽涉人民權益較多的法律的變遷加以介紹，使讀者透過本書，能全面掌握我國法制的最新狀態。

刑事訴訟法概要　　蔡墩銘／著

　　刑事訴訟法屬於技術法規而非倫理法規；技術法規之特徵在於必須依照司法實務之需要而不時更改。由於刑事訴訟法近來修正頻繁，牽涉之法條甚多，是以刑事訴訟法教科書亦必須隨之修訂，才能與實務配合，避免與現行法脫節。原書體系架構簡明扼要，內容深入淺出，作者以淺顯易懂之文字，闡述、解釋艱澀難懂之刑事訴訟法規定，希冀非法律系學生之一般大眾亦可了解與其息息相關之刑事訴訟法，此等特點於屢次改版時皆儘量予以維持，相信必能滿足讀者參考研讀之需求。

商事法要論　　梁宇賢／著

　　商事法是工商業的基本大法，規範商事法活動，攸關一般人之利益與工商企業的經營發展，影響社會經濟甚鉅。本書共分為五編，除緒論述及商事法之意義、沿革，及與其他法律之關係外，其餘四編分別介紹公司法、票據法、海商法及保險法，均以詮釋法律條文為主，並徵引立法例、學說、判例等，間或參以管見，提綱挈領，力求理論與實際融會貫通，由簡入繁，以增進讀者之了解。